Tant Miem Fischer se Kampdagboek

Een en ander uit myn leven en lyden sedert ek als
krygsgevangene weggevoerd werdt van
Buhrmansvalei by Ermelo op 31ste Mei 1901

Maria A. Fischer

Tant Miem Fischer
se Kampdagboek

Een en ander uit myn leven en lyden jedert ek als krygsgevangenen weggevoerd werdt van Buhrmansvalei Ds Ermelo op 31ste mei 1901

Maria A. Fischer

Protea Boekhuis
Pretoria
2000

Hierdie uitgawe is 'n woordelikse weergawe van tant Miem Fischer se oorspronklike dagboek, maar met die spelling verafrikaans waar nodig. Dit is vir uitgawe voorberei deur haar kleindogter, mev. M.A. Coetzee, wat die oorspronklike manuskrip besit.

Eerste uitgawe, 1964, deur Tafelberg-Uitgewers
Tweede uitgawe, 2000, deur Protea Boekhuis

Protea Boekhuis
Posbus 35110, Menlopark, 0102
protea@intekom.co.za

Gedruk en gebind deur Interpak

ISBN 1-919825-03-7

Kopiereg © 1964 M.A. Coetzee
Bandontwerp deur Hond Bk na 'n familieportret, kort voor die Tweede Vryheidsoorlog geneem, van mev. Maria A. Fischer, haar man Willem en hul seun Karel.

© Alle regte voorbehou.
Geen gedeelte van hierdie boek mag gereproduseer word op enige manier sonder die skriftelike toestemming van die uitgewer nie.

INHOUD

Maria A. Fischer	1
Inleiding	3
Dagboek	7
Persone in die Dagboek	143
Register	144

MARIA A. FISCHER

In Januarie 1865 het Adriaan Smuts in 'n kakebeenwaentjie op Klipbank in die distrik Ermelo aangekom. Hy het sy plaas Krugerspost in Lydenburg aan Koos Burger verruil vir Klipbank en Nooitgedacht, naby Bethal.

Op hierdie onherbergsame Hoëveld is Maria Adriana Smuts op 28 September 1867 gebore, as twaalfde kind in 'n groot gesin.

Haar kinderjare het sy op Klipbank deurgebring in die veelbewoë tyd van swart oproer. Die Swazi's het die Mapoggers uitgemoor en daar was gedurig strooptogte. Haar vader en broers moes die wapens teen die Swazi's opneem.

Die familie het een keer per jaar gereis na Pietermaritzburg, die naaste handelshuis, waar boere hul wol kon verkoop en ander produkte kon verruil.

Haar kort skoolonderrig het sy van Hollandse onderwysers gekry. Later het verskeie onderwysers uit Holland na Ermelo gekom, o.a. ook K. J. Fischer [10 April 1859]. Sy seun, Willem F. J. Fischer, is op 14 Maart 1889 met Maria A. Smuts getroud.

Hulle het hulle op Bührmansvlei aan die Vaalrivier gevestig. Hier is hul enigste kind, Karel Jan, op 21 Januarie 1890 gebore. Gedurende 'n verblyf op hul winterplaas in Swaziland het sy dodelik siek geword. Ten einde raad is die hulp van 'n Swazi-vrouedokter gekry. Sy het haar met veldkruie genees. As gevolg van hierdie siekbed kon sy nie 'n groot gesin hê nie.

Later moes haar eggenoot die wapen teen Mapog opneem. Nog was dit nie die einde van oorlogsvrees nie. Die Eerste en daarna die Tweede Vryheidsoorlog het gevolg. Haar vader, Adriaan Smuts, 80 jaar oud, het die hele oorlog saam met die Burgers in die veld deurgebring. Haar eggenoot en vyf broers was ook op kommando.

Ná die vrede het hulle hulle op Geluksplaas naby Bethal gevestig. Onder die Engelse bewind is op hul winterplaas in Swaziland sonder vergoeding beslag gelê. Die skryfster se eggenoot en seun moes op die spoorlyn na Bethal gaan werk.

Later het die gesin na Barneveld in die distrik Carolina getrek. Na die afsterwe van haar man in 1928 en haar seun in 1933 het sy en haar skoondogter, Lettie Fischer, op Ermelo gaan woon.

Sy was haar lewe lank 'n ywerige lid van die Vrouefederasie.

Ná 'n kort siekbed is mev. Fischer in haar 89ste jaar op 18 Mei 1956 op Ermelo oorlede en begrawe. Met die oog op publikasie het sy voor haar dood die inleiding hierna vir haar dagboek geskryf.

INLEIDING

Dit is in die jaar 1899. Die oorlogswolke hang swaar oor die twee republieke, Transvaal en die Oranje-Vrystaat. Elkeen is angstig om die verwikkelinge tussen die twee state en Brittanje te verneem. O, wat 'n verbysterende tyding was dit toe die ultimatum aan Engeland uitgevaardig was, want dit het oorlog beteken; dat ons alles sal moet opoffer vir land en volk.

Ons het op die plaas Bührmansvlei gewoon. Een middag het die veldkornet my eggenoot, Willem, kom aansê om met perd, saal en toom en genoeg eetware vir 'n paar dae die volgende dag op Ermelo te wees. Nou sal dit vanaand ons laaste samesyn wees. Allerhande nare gedagtes neem plek in my hoof onderwyl ek besig was om kos voor te berei. Sal hy weer lewendig van die slagveld af terugkom, en wat sal van my en my kind, Karel, wat hier alleen op die plaas moet agterbly, word? Ek is eintlik bang om die vrae te beantwoord.

Ek het die nag onrustig aan die slaap geraak en herhaalde male wakker geword van al die nagmerries. Die volgende môre na ete het Willem opgesaal en van alles wat dierbaar is, afskeid geneem, miskien vir altyd of tydelik? Hoe vreeslik was dit om hom te sien wegry nadat hy van my en Karel afskeid geneem het.

Daar het vir my niks anders te doen gestaan as om sy taak ook waar te neem en na die boerdery te kyk

nie. Gelukkig het ek 'n paar betroubare Bantoewerkers gehad, wat fluks gehelp het. Een middag kom een van hulle die huis binnegehardloop en skree: ,,Nôi, nôi, daar kom die kakies."
Ek loop na die voordeur en sien net 'n stofwolk soos hulle aankom. 'n Oomblik later was die Engelse en Kleurlinge in die huis en vol op die werf rond. Dit was 'n berede mag onder kolonel Bullock, op weg na Piet Retief. Hulle het die huis nie verniel nie, maar alle kombuisgereedskap geneem en o.a. die pluimvee geslag en doodgeslaan. Onder al die lawaai kom Karel die kombuis ingehardloop en skree: ,,Ma-a-a, hier slaan hulle my bruin hennetjie dood!"
Die kakies het verder gegaan en Tobias Smuts se familie op Klipfontein weggevoer. Al wat ek na die vernieling oorgehou het, was 'n bak eiers en messe en vurke wat die bediende begrawe het. Die aand het ek my byna lam geskrik toe ek weer perdepote hoor klap; ek het gedink dat dit die kakies was wat omgedraai het, want my broer Tobias was in die huis. Hy het net van sy verwoeste plaas teruggekeer, waar alles verniel en sy vrou en kinders weggevoer was.
Gelukkig was dit 'n afdeling Ermelo-burgers onder kmdt. H. Grobler, waaronder my bejaarde vader, Adriaan Smuts, en my broers was. Hulle het die aand by ons geslaap en is die volgende môre vroeg weer weg.
Ek het die middag na Tobias se plaas gery, want dit was nie ver van ons af nie.
Met die terugkeer van kol. Bullock het hy my huis weer geplunder en dié keer alles wat draagbaar was, weggeneem. Ons was nie tuis nie, maar by H. Bühr-

mann op die plaas Welgevonden. Daar het ons gebly tot die Engelse verbygetrek het en het toe na ons plaas teruggegaan. Ons was tuis toe kol. Bullock ons huis vir die derde maal kom plunder het. Dit was 29 Mei 1901, die dag waarop my dagboek begin.

Ek het al baie dagboeke gesien en van gehoor, maar self nog nooit een geskryf nie. My lewe was, vandat ek kan onthou, te eentonig of te eenvoudig om iets van te sê. So het ek ten minste gedink omdat ek as kind, jong meisie en later as vrou soos die meeste boeremeisies en boerevroue geleef het.

Ek het in 'n eenvoudige boerehuis, met 'n egte boerevader en -moeder, met nege kinders, grootgeword. Daar was genoeg lewensmiddele om ons 'n boereopvoeding te gee, dus niks belangriks om iets van te sê of te skryf nie.

As vrou het ek geleef soos dit die boeregewoonte was, stil en, soos ek toe gedink het, eenvoudig, maar wel gelukkig. Ek het van geen ander huislike lewe geweet as dié wat ek van my ouers gesien en leer ken het nie. Ek het wel gehoor dat dit onbeskaafd was om altyd met jou man en kinders tuis te bly, niks anders te eet as wat ons tuine en landerye opgelewer het nie, of dikwels dieselfde rok aan te hê, gesond te wees en gesonde kinders te hê.

Hoe die dinge verander en ons beskaaf moes word, moes ek nog leer – ook om sonder vleis, botter, melk, groente, eiers en vrugte wat alle boere volop het, te leef, was 'n geslote boek.

As kind het ek nooit veel van beskawing gehoor nie. Later, nadat ons land so ryk aan goudvelde geword het, is daar gesê dat ons onbeskaaf is en dat Engeland ons moes reghelp. Hoe dit alles gedoen sou word, kon ek nie begryp nie, maar weet dit nou, helaas, alte goed – en ek vrees dat dit nog maar die begin van my skooltyd is.

Daarom gaan ek probeer om alles wat tot beskawing van die boerevroue nodig geag word, op te teken. As dit my geluk, kan dit nog vir die een of ander onbeskaafde skepsel tot nut wees.

Mei 1901

29.5.01
'n Konvooi onder kol. Bullock is op pad na my huis. Gister was broer Johan Smuts, Willem Fischer en 'n klompie burgers met kmdt. H. Grobler nog hier. Ek het eers 'n plan gehad om te vlug, maar nou sal ons [suster Rachel met die kinders en mej. M. le Roux, onderwyseres] seker weggevoer word.
Wat ons uitstaan, kan nie beskryf word nie. Hier sit ons asof daar geen gevaar is nie. Nog één uur later, en ons is gevangenes in die hande van 'n wrede, byna barbaarse vyand en word weggevoer van almal en alles wat vir ons dierbaar is. Ons mans, kinders, vaders, broers, susters, huis, alles, ja alles moet ons agterlaat, en ons – wat sal van ons word? Die vroue wat 'n tyd lank onder die Engelse was, sê dat die dood verkiesliker is as hul beskerming, want so noem hulle ons gevangenskap.
Nou is daar niks aan te doen nie. As ons nie wil buig onder Engeland se vervloekte juk nie, moet ons in ons lot berus. Anders bring ons die manne wat nog veg, in gevaar – en as ons ons land moet verloor, dan wil ek nie my konsensie beswaar dat ek selfs die geringste daartoe bygedra het nie. Alles, alles sal ek verlaat ter wille van ons volksbestaan, in die vaste hoop en vertroue dat God ons ellende sal sien en ons gebede sal verhoor.
Mag Hy ons manne moed en krag gee om tot die

einde toe standvastig te bly, en ook ons in Sy troue sorg en hoede te bewaar!

Vieruur namiddag. Kaptein Abrams is hier, 'n groot Engelsman met klein ogies, 'n hoë neus en 'n brutale uiterlike. Hy het my en my suster aangesê om oor 'n halfuur gereed te wees om weggeneem te word. Ons het geweier om saam te gaan en gesê dat hy ons huis maar kan afbrand. Ons kry ten antwoord dat dit geen kwessie van wíl nie, maar wel van móét was.

Ek vra hom of hy ons as krygsgevangenes wegvoer, waarop hy antwoord dat ons maar moes klaarmaak, anders sou daar maatreëls getref word om ons te dwing. Daarop sê ons dat ons onder dwang, en nie vrywillig nie, sou saamgaan.

Hy het 'n man met die naam van Snoeks gestuur, wat erg brutaal my huis binnegestap en gesê het dat hy ons deur 'n troep Kaffers wat by hom is, op die wa sou laat smyt as ons nie binne 'n halfuur gereed is nie. Dié Snoeks het erg na Kafferbier gestink.

Toe ek besig was om een en ander in 'n kissie te pak, ruk hy 'n pakkie kerse uit my hand. Toe ek sê dat dit al is wat ek het en dit wil hê, sê hy dat hy nou die baas in die huis is en dat ek nie nodig het om kerse te brand nie. Gelukkig het ek in 'n tassie 'n paar gehad, anders sou ons al die eerste aand in die donker moes gesit het.

Omtrent vyfuur die namiddag kom die hele konvooi en kampeer om die huis. O, dit was asof daar soveel duiwels losgelaat is; dit was ten minste die indruk wat dit op my gemaak het. Alles word verwoes. Uit die stal en waenhuis word balke, kappe, deure en rame gesaag en geslaan en bome word afgekap. Uit my kombuis word alles uitgedra wat ek nog nie in my kamer kon sit nie.

Ons kry twee Tommies as wagte in die huis. Buite was niks meer te doen nie. Ek het nog 'n hen met kuikens in 'n kamer gehad; die ander was almal doodgeslaan.

Ons was gereed om te gaan, maar teen halfagt die aand word daar gesê dat ons tot die volgende oggend in die huis kan bly.

Toe kon ons ons beddegoed wat ons in bondels opgerol het, weer mooitjies losmaak en die beskaafde seuns van Albion bedank vir nog 'n nag in die huis te mag bly.

30.5.01
Sewe-uur die oggend was die wa daar om ons te kom haal. Dit is ons nie toegestaan om iets anders as twee matrasse met kussings en komberse, 'n veldtafeltjie, 'n bad, 'n pot en 'n ketel saam te neem nie. 'n Emmer en twee stoele wat ek op die wa laat sit het, is deur 'n hensopper wat oor die oplaai van ons goed moes toesig hou, afgesmyt. Hy het die Kaffers aangesê om, as ek enigiets ekstra oplaai, alles wat op die wa is, af te smyt. Om tog darem 'n matras vir ons en die kinders te behou, het ek die ander nodige goed maar laat bly.

Die gids was A. Robertson, die oudste seun van A. Robertson van Rolfontein. Sy moeder het jare gelede op 'n beskaafde[?] manier verdwyn. Sy vader het, sover ek weet, tot voor ons beskawingstyd op sy plaas gewoon. Ook Henry Frank is by hierdie kolonne, ook iemand wat in geen goeie reuk staan nie. Dit lyk wel of die Engelse offisiere die slag het om vuil smeerlappe in hul diens te neem.

Toe ek op die wa sit, kon ek sien hoe my goed – dis te sê wat van die vorige plunderings nog oor was – uitgedra en op hul waens gelaai word. Al wat deur en raam was, was al stukkend geslaan of afgebreek.

Die namiddag kom ons op De Emigratie aan waar die familie van Johannes Bührmann weggevoer is. Daar het alles op dieselfde manier toegegaan. Die vrou van Hendrik Steenkamp, wat daar siek in die bed gelê het, is na Willem Bührmann gestuur, waar daar 'n hospitaal was.

Die aand kampeer ons by Vaalrivierdrif, van waar trollies en karre gestuur word om die huis op De Emigratie te plunder.

31.5.01

Die kamp staan oor. Daar word baie beeste van die Kaffers geneem, ook drie of vier troppe skape is buitgemaak.

Junie 1901

1.6.01

Ons trek verder. Op Beginderlyn maak hulle net perde buit. Aan die huis en familie word niks gedoen nie; die man is 'n hensopper en 'n gids vir die Engelse.

Hulle bombardeer 'n huis op die plaas Vaalbank, distrik Martinus-Wesselstroom [Wakkerstroom]; mevrou Le Roux, vrou van Jan Hendrik le Roux, word aan die hoof gewond en twee kinders dodelik: Daniel le Roux [10 jaar] en Anna Bloem [3 jaar].

2.6.01

Die twee kinders is dood en by Kafferspruit begrawe. Die meisie was 'n dogtertjie van Jacob Bloem van die distrik Martinus-Wesselstroom.

Mevrou Le Roux en mevrou Bloem is ook hier. Hulle het niks buiten 'n paar kussings nie. Die provoos of laerkommandant was so goed om haar 'n paar komberse te gee en dokter Everard [vroeër ons dokter] te stuur om haar wond te verbind. Sy het selfs 'n halfbottel wyn as versterking gèkry. Hoe mensliewend van 'n vyand wat van haar tog niks meer geneem het as haar vryheid, land en goed en haar seuntjie vermoor het nie.

Die twee kinders is in een graffie begrawe, die een in 'n kissie en die ander in 'n kombers. A. Kleinhans, broer van die berugte Abraham Kleinhans van

Martinus-Wesselstroom, het gehelp om van die klinkerkaste 'n doodkis te maak. By die graf is 'n gebed gedoen deur een van die hensoppers. Verskriklik dat so iemand nog kan bid by die graf van onskuldige kinders wat hy verraai het.

3.6.01
Naby Blaauwkop skiet 'n paar Boere op die buitewagte. Dadelik word die infanterie en die kavallerie met kanonne opgestel – tussen die waens waarin die vroue en kinders is. Ons kon dit nie laat om spottend te vra of hulle hul grote mag teen drie of vier ,,boers'' agter ons moes verskans nie. Die meeste het gemaak of hulle ons nie kan verstaan nie; een van hulle het gesê dat dit nie daarom was nie, maar dat dit so in hul beweging te pas gekom het.

4.6.01
Laat in die namiddag, tussen lig en donker, kom kaptein Abrams met A. Robertson as tolk om van mevrou Le Roux 'n verklaring af te neem oor die bestoking van haar huis met kanonne. Sy word gevra of sy dit vir 'n ongeluk of as opset beskou, waarop sy antwoord dat dit met opset was omdat daar geen Boere in die nabyheid was nie. Ook word gevra met watter kanon op haar huis geskiet is. Dit het sy nie geweet nie, maar sy het nog 'n paar klein ronde koeëltjies gehad waarmee haar kinders gewond is. Kaptein Abrams vra haar of sy nie liewer die Boeregeneraals die skuld vir haar ongeluk sou gee nie. Toe sê sy dat sy nie so 'n leuen sal vertel nie, want daar was geen Boeregeneraal in die nabyheid nie.

Toe daar vir haar gesê word dat sy die verklaring, deur haar afgelê, moes onderteken, sê sy dat dit te donker is. Toe ons, Johanna Bührmann, my suster Rachel en ek aan mevrou Le Roux vra of sy die verklaring nie eers moes laat vertaal, omdat sy self geen Engels kan lees nie, is ons aangesê om stil te bly, anders sal ons op Standerton in die tronk gestop word. Heel lief van die ellendeling!
Die oggend het hy heel beskaaf vir mevrou Bührmann kom vra of hy iets vir haar kon doen. Sy vra hom 'n paar van haar koeie wat die konduktuer gevat het, want haar seuntjie kan nie sonder melk bly nie. Sy kry die koeie terug, met die brutale opdrag dat sy voortaan self vir hulle moet sorg.
Ek vra 'n bank van my wat op 'n ander wa gelaai is. Karel, my seun, gaan saam om dit uit te ken, maar word teruggestuur onder die floue voorwendsel dat dit nou al te laat is en dat hy dit teen die aand kan kry. Later het ek die bank dikwels genoeg gesien, maar nooit weer iets van teruggee gehoor nie.
Die volgende dag was Johanna haar koeie weer kwyt en moes sy toesien dat die konduktuer hulle vir hom laat melk. Sy wou hulle weer terughê, maar 'n sekere Terblanche het haar net doodbedaard gevra waar haar man is.

5.6.01
In die voormiddag was ons naby Standerton. Soos ons verbytrek, word al die huise verwoes en al die bome afgekap; skape word by hope geslag en dan weggegooi; sulke plekke sien daar verskriklik uit. Die

beeste en perde word gebrandmerk sodra die konvooi kamp opgeslaan het.

Dokter Everard kom weer die gewonde vrou verbind. Vreemd dat die beskaafde lui so kort van geheue is. Dokter Everard ken ons nie meer nie. 'n Koel ,,good morning" is die enigste wat ons kon laat dink dat hy ons raakgesien het. Miskien is hy bang dat sulke vuil vroue wat al soveel dae en nagte in stinkende kakiewaens gesit het, die lompheid sou begaan om 'n smerige hand na hom [die beskaafde dokter] uit te hou en dit wel in die teenwoordigheid van 'n Engelse kaptein. Nou ja, daar het ook al 'n hele tyd verloop vandat hy laas by die vuil boertjies vrugte, melk, botter, koffie of tee gebruik het – en noudat die beskawingstorm oor Transvaal en die Vrystaat getrek het, is hulle vriendskap van nul en gener waarde.

6.6.01
Ons kom aan in die Standertonse Burgerkamp [later die moordkamp], waar ons op 'n hoop sand afgelaai word. Later het ek besef dat ons nog heel gelukkig was. Ons word aangesê om dadelik ons name by die kommandant te gaan opgee. Toe ons antwoord dat ons name al twee keer geneem is, sê hulle ons sal geen kos kry as ons nie gaan nie. Toe ons by die kommandant kom [die heer Bloomfield met een skeel oog], vra ons 'n tent. Hy sê ons moet maar in die eerste die beste tent inkruip. Ons sê ons is te veel en daar is nie meer plek in die tente nie; daarop antwoord die skele hond dat ons dan maar buite kan bly en dat hy nog tien families in elke tent sal stop – wat hy toe ook gedoen het.

Later in die namiddag kom 'n man [Haverman, vroeër polisieman op Ermelo], ons sê dat daar in een van die markiestente 'n paar vroue is wat ons ken en wat ons by hulle sal opneem. Daar ontmoet my suster 'n paar van haar kennisse: mevrou Bezuidenhoudt en mevrou Lotz, wat in die reeds propvol tent vir ons 'n plekkie maak, sodat ons nou 37 persone in dié tent is. Dat die buite slaap nie sommer 'n praatjie was nie, moes baie vroue ondervind. 'n Ou man van 80 en sy vrou van 73 [Nicolaas Fourie en Treina Fourie] slaap snags in 'n hoekie van 'n tent en sit bedags buite – so propvol is die tente. 'n Ander vrou wat gesmeek het om vanweë haar omstandighede tuis te mag bly, is buite onder 'n sinkplaat afgelaai. Later, toe haar baba gebore is, het 'n vrou haar plekkie in die tent vir die jong moeder afgestaan.

7.6.01
Een nag in die kamp. Wat sal ek daarvan sê? Ons – suster Rachel, die kinders, mej. Le Roux en ek – is in 'n hoekie van die tent. Johanna met haar kinders is in 'n ronde tentjie gestop.
Ek kon nie slaap nie. Ek dink ons was te moeg om te slaap, en ook het die mense 'n vreeslike hoes – daar is nie 'n minuut stilte in die nag nie.

8.6.01
Nou is Johanna ook by ons. Hulle het eers die tent van 'n meid afgeneem om haar daarin te stop; nou is daar seker weer 'n ander meid wat dit meer nodig het. As ons haar nie buite wil sien staan nie, bly daar niks oor as om op te skuif nie, wat ons dan ook graag

doen, sodat ons nou *heel gesellig* 43 stuks bymekaar is. Die rantsoene is: 1 pond meel [flour], 1 suiker, koffie, 1 sout. Kinders onder twaalf jaar kry halfrantsoen. Vleis kry ons drie maal per week, net soos dit kom: ram, ooi, lam, geslag en ook dié wat van ellende in die kraal gevrek het.

10.6.01
Vandag het ons 'n bokram se vleis gekry. Dit het 'n reuk afgegee dat ons nie naby die pot kon kom nie.

11.6.01
Koue en reën. Die twee ou mense [Fourie] sit nog buite. Ons het hulle byna al by ons in die tent geneem, maar is bang vir nog meer ellende.

12.6.01
Met ons Kaffers wat saam met ons hier is, word na willekeur gehandel. Kort-kort word hulle geroep, om dan dit en dan dat te doen.

13.6.01
'n Paar vroue was by die kommandant om te kla oor die vleis wat ons gekry het. Dit is van 'n ooi wat met 'n lam van 'n paar uur oud dood in die kraal gelê het. As straf vir hul brutaalheid om te durf kla oor iets wat uit welwillendheid aan hulle gegee is, moet hulle agt dae sonder vleis bly.

14.6.01
Niks – net 'n ellendige dag, dis al.

15.6.01
Alles dieselfde. Mej. Le Roux het aansoek gedoen om na haar moeder in Robertson, Kaapkolonie, te mag gaan.

16.6.01
Johanna Bührmann word aangesê om na die kantoor te kom, waar sy moes hoor dat haar man hier was en gevra het dat sy na haar moeder moes gaan en dat sy self kan vasstel waar haar moeder is – wat nie so moeilik was nie, want ons het geweet sy is in Durban.

17.6.01
Nou sê die edele heer kommandant dat net persone wat siek is of siek kinders het, na Durban mag gaan. Toe Johanna haar kind dokter toe neem om van hom 'n sertifikaat te kry, moet sy eers sê waar haar man is – en omdat hy nog op kommando is, moet sy maar in die kamp bly. Onbeleefdheid of liewer onbeskoftheid is artikel *een* van die kampwet. Ons is geheel en al in die mag van lae Kolonie-Afrikaners, Natallers en hensoppers van die gemeenste soort.

18.6.01
Hier het weer vroue uit Bethal aangekom. In ons tent is daar nou vier vroue wie se gesondheid swak is. Wat moet daarvan word?

19.6.01
Mej. Le Roux sien daar ellendig uit. As sy eers weg is, sal ek baie geruster voel. In al ons ellende bekommer

ek my oor ons arme Lucie* en oor haar die meeste.

20.6.01
Vannag is hier 'n baba gebore. Nou is ons een-en-sestig in hierdie tent; in 'n tent hier langsaan is vyf-en-sestig. Dus as die ooievaar weer kom, sal hier wel ook nog plek wees.

21.6.01
Ek was nie ver verkeerd oor mej. Le Roux nie. Vanmôre was sy afgetrokke, maar ons het gedink dit was omdat sy nog niks van haar aansoek gehoor het nie. Een van die kinders het die opmerking gemaak dat mej. Le Roux alte ernstig vir so 'n tent is, maar teen tienuur word sy skielik so onstuimig dat ons haar na die hospitaal moes bring. Dit was te veel vir haar senuwees.
Toe ons by die hospitaaltent kom, nadat ons byna twee uur met huismiddels gesukkel het, kom sy weer by. ['n Dokter was nie te vind nie.]
Vir eers kon daar ook geen katel en geen tent gekry word nie. Op laas was dit toe so ver dat sy 'n bietjie kon slaap. Nou hoop ek dat sy spoedig beter sal word.

22.6.01
Ek het my vergis toe ek gedink het dat alles wat onder die Engelse bestuur gebeur, met woorde gesê of beskrywe kan word. Dit is immers beskaaf, het ek gedink, maar dit is seker omdat ek nog te onbeskaaf is. In ons tent moes naamlik 'n nuwe wêreldburgertjie sy

* Lucie Smuts is saam met haar tante, die skryfster, weggevoer terwyl haar moeder, Annie Smuts, in die Durban-kamp was.

of haar verskyning maak, toe daar heel deftig 'n persoon binnestap. Ons het natuurlik gedink dit is 'n dokter, maar wie beskryf die verbasing toe dit niemand meer of minder was as 'n Kaffer wat sy Edele die kommandant gestuur het om die moeder aan te sê dat sy dadelik na die gebeurtenis dit by hom moes kom aanmeld en dat sy in geval van versuim £5 boete sou kry. Nou, toe daar uiteindelik iets is om aan te meld, gaan die ouma van die kindjie, 'n stil ou vroutjie, na sy hoogheid. Tot vier maal toe word sy teruggejaag omdat dit te ongeleë was en hy op daardie oomblik nie tyd vir sulke nonsens gehad het nie. Die edele heer is 'n meester in onbeskoftheid. Die vroue wat hom ken, sê hy was vroeër 'n hoendersmous in Sekoekoeniland. Sy maniere laat my dink dat dit waar is.

23.6.01

In die voormiddag kom 'n hensopper sê ons moet om die tente vee en die sand en vuilgoed wegdra; so nie, sal ons £5 boete kry. Ek weier om 'n vinger te verroer, daar is van die vroue wat hard besig is, uit vrees om beboet te word, seker dié wat nog iets het om te verloor. Ek dink dit is mooi genoeg dat vroulike krygsgevangenes gedwing word om sakke mis op hul kop of rug byna 'n uur ver te dra om vir hulle en hul kinders iets gaar te kry.

24.6.01

In die namiddag was ek by die kantoor om 'n tent te vra, want mej. Le Roux is soveel beter dat sy uit die hospitaal moet gaan. Hier sal sy binne vier-en-twintig uur weer op hol wees. Ek het 'n mooi belofte gekry, seker 'n Engelse?

25.6.01
In die namiddag was ek hospitaal toe om mej. Le Roux te gaan sien en om my beloofde tent te kry. Toe ek by die tent van opsigter Haverman kom, is die heer besig om 'n klein Kaffertjie in 'n kis toe te spyker asof hy begrawe moes word. Toe hy goed die dood op die lyf het, word hy weer uitgehaal en met 'n stuk karstring afgeransel [eg beskaaf!]. Op my vraag of daar al 'n tent is, kry ek die antwoord dat daar 'n ronde tent vir mej. Le Roux opgeslaan is en dat dit hom nie kan skeel hoe sy daar klaarkom nie; hy weet net dat ek moet bly waar ek is. Ek sê dat ek om geen tent vir myself gevra het nie en dat nie ék maar hý vir hul onderdane verantwoordelik is. Die lae hond het gedink dat ons dit op die duur ook nie sou kan uithou nie.
Baie vroue is al genoodsaak om by die slagplek te help, waarvoor hulle die afval [kop en pootjies] kry.

28.6.01
Johanna Bührmann en ek was in die dorp en in die Hervormde Kerkgebou. Daar is dit 'n ware Babel. Hoe groot die gebou is, weet ek nie. Besonder groot is dit nie en daar is een-en-veertig families ingestop – tot selfs in die preekstoel woon 'n familie. Daar kan 'n mens in een oogopslag alles sien wat ons tuis nie in weke gedoen sou kry nie! Die een is besig met 'n sieke, die ander met 'n naaimasjien, met huilende kinders, ander vee, sing, lees, lag, praat en versool skoene, eet,

stryk, kinders speel aspaai onder die banke – letterlik iets om kranksinnig van te word. Tot musiek het ek in die halfuur daar gehoor. Een was besig om kaneel in 'n vysel te stamp.

Watter indruk dit op my gemaak het, kan ek nie in woorde sê nie. So iets in 'n kerk? Toe ek nog onbeskaaf en onwetend was, sou ek seker gedink het dat dit onmoontlik is om 'n kerk so te verontheilig; daar, het ek gedink, is tog vroeër dieselfde God gedien wat die Engelse ook bely. Maar, ag! hulle dink dat die vermoor van vroue en kinders, die verwoesting van lande, die steel van geld en goed geen kwaad is as hulle naam en hul besittings maar groter word nie. En tot nog toe lyk dit asof hulle in die gelyk is; hulle is geseënd in hul werk. Dan hoef een kerkie tog nie ontsien te word nie.

Die dokter is nie verplig om die siekes daar te besoek nie. As hulle 'n dokter laat roep, moet hulle vooruit vyf sjielings betaal en word dan nog met 'n „allright" afgeskeep. As die dokter heel vriendelik is, kry die siekes 'n drankie waardeur hulle 'n paar dae eerder uit hul ellende verlos word.

In die kamp moet al die seuns van vyf jaar na slote waarom seil gespan is, gaan, in plaas van na 'n . . . , en as hulle iets doen wat in stryd is met die regulasies van so 'n sloot, word hulle deur die Kafferpolisie of hensoppers vir straf in die sloot gegooi. Ek het vandat ons hier is, twee seuntjies gesien wat dié behandeling ondergaan het.

Vanoggend vroeg vertel 'n vrou my dat drie meisies weggeloop het. Nou is die kamp in opskudding. Twee meisies, dogters van Gert de Jager [Knopkierie] en

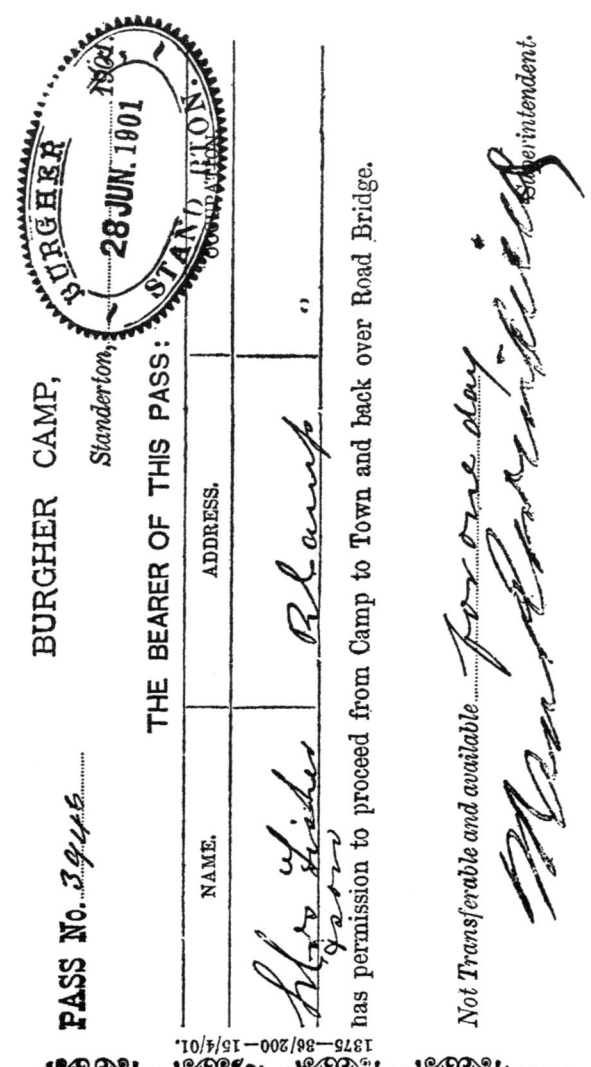

Die pas wat op 28 Junie 1901 aan die skryfster uitgereik is.

mevrou Frederik de Jager, het baie vroeg uitgegaan met 'n pas om te gaan mis optel. Hulle is seker nou al by ons burgers. Ons is bly daaroor, want nou kan ons familie iets sekers van ons hoor. Jammer dat ek nie een van hulle was nie. Nou mag niemand meer uit die kamp gaan nie – wat 'n harde straf is. Nou kan ons geen vuur maak nie. Die steenkool wat ons hier kry, is niks anders as leiklip nie en kan onmoontlik brand. Hout kry ons nie.

29.6.01
Harde wind.

30.6.01
Hier is weer gevangenefamilies ingebring. Sommige van hulle lê nog buite. Wat dit beteken, weet elkeen wat 'n Julienag op die wal van Vaalrivier deurgebring het. Die twee ou mense [Fourie] wat hier buite moes sit, is twee dae gelede deur 'n vrou wie se seuns hier is, by haar in die tent [haar eiendom] geneem.

Julie 1901

1.7.01
Ons kry komberse wat deur een of ander kollekte vir ons verkry is en deur ds. Theunissen van Standerton uitgedeel word. Die hoenderspoor is daarop gedruk. Nou weet ons nie reg of die komberse werklik deur ander gestuur is en of die skyn gewek moes word dat dit van die Engelse regering kom nie.

2.7.01
Ons kry hout – elke familie een stompie van twee voet lank vir sewe dae, om die onwillige leiklei aan die brand te kry en die oonde vir brood warm te maak.

3.7.01
Ons name word weer opgeneem, seker om te sien of daar nie alweer 'n paar uit hul vervloekte mag ontsnap het nie.

4.7.01
Drie vroue word in die dorp voor die hof gebring omdat hulle uit was om mis te soek. As straf word hul kosrantsoen vir agt dae weggevat.
Die kinders vra iets om te eet en die moeders het niks om die bietjie meel en vleis wat hulle kry, mee gaar te maak nie. Die stomme kleintjies het blykbaar geen besef dat hulle krygsgevangenes is en deur hul lyding moet help om Engeland se roem en eer te verhoog nie.

5.7.01
Hier is 'n stof dat ons die naaste tente nie kan sien nie. Bo-op die bult kampeer 'n konvooi, en nou moet die troepe met perde en karre rivier toe kom om water te kry. Dit is geen wonder dat siekte en dood aan die orde van die dag is nie. Ons kry geen mondvol vars lug nie.

7.7.01
Daar word vertel dat 'n konvooi wat in die rigting van die Oranje-Vrystaat uitgetrek het, 'n groot verlies gely het.

10.7.01
Een van die vroue, mevrou Lötz, het 'n paar stukke van haar huisraad by 'n hensopper gesien. Toe sy hom daarom vra, word haar dogter na die provoos gebring om 'n verklaring af te lê of dit hul eiendom is en of hulle geen woorde teen die Engelse owerheid gebesig het nie. Toe dit blyk dat sy op die laaste punt onskuldig is, word sy na die kommandant gestuur met die belofte dat hulle hul goed sal terugkry, maar in plaas daarvan word vir haar gesê dat alles wat 'n gevangene gehad het of nog het, goewermentseiendom is.
Johanna Bührmann het nadat sy 'n maand en drie dae gewag het, verlof gekry om na Durban te gaan, mits sy haar reis- en verblyfkoste kon betaal.

11.7.01
Ons burgers het 'n klomp beeste afgeneem. Alles was in rep en roer. Twee kanonne is uitgestuur, maar

sover ons weet, is die vee nie teruggehaal nie. Daar moet êrens 'n skermutseling gewees het. Hier is een dooie en 'n paar gewonde kakies ingebring.
Vieruur namiddag. Mej. Le Roux het verlof gekry om na haar moeder op Robertson te gaan.

12.7.01
Mej. Le Roux het gelukkig vertrek.

17.7.01
'n Meisie wat in die hospitaal gehelp en die koors gekry het, is, nadat sy weer byna gesond was, nou plotseling dood. Sy het weer 'n ligte hoofpyn gehad en moes 'n maagpoeier van die dokter neem, wat dan ook haar hoofpyn vir altyd genees het. Sy was Sara Wasserfall, van Bethal. Dit is die derde geval waar die gebruik van dié poeier dieselfde uitwerking gehad het; die een was C. Roux van Ermelo, en 'n kind.

18.7.01
Johanna Bührmann het vertrek. Nadat sy 'n hele dag vir 'n trollie gewag het om haar goed na die trein te bring, moes sy twee kebs huur, waardeur sy 'n dag vertraag is.
In die namiddag het hier 'n konvooi uit die O.V.S. aangekom met 'n buit van sowat drieduisend perde.

19.7.01
Die perde wat gister ingebring is, is na Natal gestuur nadat hulle drie of vier keer heen en weer langs ons kamp gejaag is.

20.7.01

In die voormiddag is ons aangesê om te vee en die vuilgoed weg te dra, anders in geval van weiering tien sjielings boete. Die families wat nog in die dorp in huisies is, moet almal kamp toe kom, anders kry hulle nie meer rantsoen nie.

22.7.01

Ds. Theunissen preek boeiend uit Gen. 22 : 2, 3. Hy kom elke Sondagnamiddag hier preek.

Hier gaan 'n praatjie rond dat ons burgers die perde wat Natal toe gestuur is, weer teruggeneem het. Daar het glo een van hul offisiere gesneuwel. Wat die waarheid is, kan niemand sê nie.

Vannag het ek gedroom dat ek 'n tand verloor het. Hulle sê dit is 'n slegte teken, daar volg teenspoed op. In daardie geval sou ons elke nag van tande moes droom. Siekte en dood is so algemeen dat dit al 'n gewoonte word. Dokters sien ek nooit. Net by die hospitaal is van 9 vm. tot 4 nm. 'n dokter te spreek. Hulle sê hier gaan 'n dame uit Engeland kom om die kamp te besigtig. Sal sy dit waag om haar beskaafde hoof in die ronde tente te steek? Ek twyfel.

23.7.01

Vanmôre het ons elkeen 'n blok hout van sowat 2 voet lank by ons gewone graaf steenkool gekry, waarvoor ons ons edelmoedige vyande oneindig dankbaar behoort te wees. Miskien sal dit voldoende wees om 'n oond warm te maak; dan hoef ons ten minste nie meer op die ashope ou skoene, droë skaapkoppe, stukke broek, ens. op te raap om brood gaar te kry nie.

As ons nou ook byle gehad het om ons blokke stukkend te kry ... Maar wat, die boerevroue kan sien en kom klaar. Solank soos Engeland se helde maar hul huise plunder en met elke konvooi 'n aantal vroue bring, is alles soos dit hoort.

Namiddag. Die dame wat sou kom, is hier. Ons kan na een van die tente gaan waar sy 'n kort toesprakie gaan hou. Ek gaan ook luister wat sy te sê het. Ek was nooit erg gevoelig nie en het altoos 'n soort veragting vir fynheid gehad, en nou wantrou ek almal en alles wat van die groot wêreld kom.

Vyfuur namiddag. Wel, ek het die dame gesien en gehoor. Sy is 'n mevrou Harris, 'n bejaarde vrou met 'n innemende voorkoms. Haar reis hierheen het niks met politiek of met die kampe te maak nie; sy is alleenlik vir godsdienstige belange hier. In haar toespraak het sy haar medelye met ons en ons kinders uitgespreek en gesê dat daar in Engeland nog vele is wat opreg in ons ellende deel [ek sal my bes doen om dit te glo] en dat sy ook namens hulle na ons gekom het. In 'n Engelse koerant van Junie het gestaan dat daar in die Oranje-Vrystaat 'n vrou* rondgaan om die folterkampe te besien en dat sy haar afkeuring in sterk woorde in Engeland oorgedra het. Sy het onder meer gesê dit is 'n skande dat sulke optrede in die beskaafde wêreld toegelaat word. Maar 'n sekere Hofmeyr uit die Kaapkolonie wat ook vir dieselfde doel rondgegaan het, het in sy verslag gesê dat die vroue vrywillig na die kampe gekom het en dat hulle uitstekend goed behandel word – waarop die Engelse regering dié vrou belet het om sulke leuens te versprei.

* Emily Hobhouse.

24.7.01
Hulle is druk besig om klerasie aan die behoeftiges uit te deel. Die hensoppers kry die beste deel daarvan. Ons weet nie of die goed van die Engelse kom nie; daar word gesê dat dit uit ander lande aan die gevange vroue in die kamp gestuur is, wat meer aanneemlik is.

25.7.01
Daar word gesê dat ons burgers weer 'n klomp perde gevat het. Hier word die groot tente wat so vol was, effens leër gemaak. In elke tent bly daar nou drie tot vyf families. Ek hoop maar hulle neem ons nie hier uit na een van die aaklige ronde tente nie. Die beste is om voor te gee dat ons graag wil gaan, dan is ek seker dat hulle ons hier sal laat bly.

26.7.01
Alle siekes, klein of groot, moet nou hospitaal toe. Klein kindertjies word van hul moeders weggeskeur en na die hospitaal geneem. 'n Kind van mevrou Schutte het hulle met geweld geneem. Daar kom selde een na die tente terug, maar daagliks gaan van drie tot ses lyke na die kerkhof.
Hier het weer twee hensoppers ingekom. Van hulle hoor ons dat ons skoonvader* dood is. Ook hy moes op twee-en-tagtigjarige leeftyd rondvlug om nie in Engelse hande te val nie.
Om 7 nm. is die kindjie van mevrou Schutte dood.

* Karel Jan Fischer. Rachel en Maria Smuts was met Johan en Willem Fischer getroud. Cato Fischer was weer getroud met Adriaan Smuts, dus twee susters en 'n broer getroud met twee broers en 'n suster.

27.7.01
Ons het 'n brief van Johanna Bührmann. Sy het goed en wel in Durban aangekom. Ook mej. Le Roux het na 'n kort, voorspoedige reis by haar moeder aangekom.
Dit is vandag broer Gideon [Smuts] se verjaarsdag. Hoe sou dit met hom gaan? Sal ons mekaar ooit weer sien?
Twee-uur namiddag. 'n Trollie hou voor ons tent stil en die familie Louw word aangesê om hul pluiings op te laai om na 'n ronde tent te gaan. Dit is bitter koud en mevrou Naudé voel siek. Toe haar moeder, mevrou Louw, daarom beswaar maak, word sy met vloeke en skelwoorde beveel om gou te maak. Nou is hulle uit en het ons weer 'n paar voet meer ruimte.

28.7.01
Mevrou Naudé het 'n fris seun.

29.7.01
'n Dubbele doringdraad word om die kamp gespan en met draad toegevleg.

30.7.01
Harde wind en koud.

31.7.01
Dertien families word van Waterval, distrik Standerton, ingebring.

Augustus 1901

1.8.01
Alweer 'n nuwe maand – gelukkig een nader aan ons verlossing waarop ons nou sterker as ooit hoop.

2.8.01
Die omheining om die kamp is byna klaar. 'n Meisie van sowat veertien jaar het daaroor geklim om die polisie te wys dat sy nóg na die Boere sou wegloop. As straf word haar rantsoen ingekort.

3.8.01
Vir die eerste keer kry ons rys, $3\frac{1}{2}$ pond vir 5 persone vir agt dae; $5\frac{1}{2}$ pond vleis, ook vir 5 persone vir agt dae.
Verlede nag is 'n seuntjie van mevrou Oosthuisen oorlede. Die kwaal, verval van kragte, sleep elke dag twee of drie slagoffers na die graf.

4.8.01
Erg warm.

5.8.01
Harde wind.

6.8.01
By 'n tent langs ons s'n het ek 'n seun sien spring en roep asof daar 'n brand is. Toe ons gaan kyk, is die

hele tent so vol luise dat dit byna ongelooflik was; dit was van verbasing dat die seun so te kere gegaan het. Hoe ons tussen soveel vuil nog op 'n manier skoon bly, is 'n raaisel. Die waens waarin ons weggevoer is, was byna sonder uitsondering met dié diere besmet.

7.8.01
Hier was alweer 'n Engelse dame in die kamp. Sy het 'n kort toespraak vir die kinders gehou en hulle vermaan om tog hulpvaardig en vergewensgesind te wees en ook hul vyande lief te hê [wat in ons dae myns insiens nie net onmoontlik nie, maar ook onwenslik is]. Nou ja, sy het dit seker nie op politieke gebied bedoel nie.

8.8.01
Ons het gehoor dat ons regering vandag as 'n dankdag en môre as 'n biddag bepaal het, en daarom het ons vanmiddag vieruur ook 'n biduur gehou. Die opkoms was orals groot. Ons hoop om môre weer bymekaar te kom. Mag ons gebede en dié van ons mans en seuns verhoor word.

9.8.01
Vieruur in die namiddag het ons weer 'n biduur gehou. Ook dié keer was die opkoms groot.

11.8.01
Weer word 30 families van Waterval en Bethal ingebring. Hulle was aan die vlug toe 'n troep Engelse hulle gevang het.

12.8.01
Ondraaglike wind en koue.

13.8.01
Sondag. Ag, wat se Sondae beleef ons nie nou nie?
Geen rusdag nie; onrus en lyding is al wat ons ken.
Namiddag. 'n Paar meisies het ons Vierkleur aan hul
arms gedra. Die hensopperpolisie het hulle gepak en
die kleure afgeskeur.

14.8.01
Die meisies wat gister ons kleure gedra het, moes na
die kantoor gaan, maar het met 'n vermaning daarvan afgekom. Daar is vir hulle gesê dat dit onbetaamlik is om dit te dra en dat hulle dit in die vervolg nie
weer moet doen nie. [Mooi!]
Namiddag. Harde wind en stortreën. Al die tente is
nat. Ons moes met stukke grawe, byle, messe en wat
ook al skerp is, slote om ons tente grawe om indien
moontlik 'n droë plekkie te hou om op te slaap. Hier
langs ons is 'n vrou – mevrou Stoop – wat 'n baba het.
Sy het op die grond gelê, en toe die vroue uiteindelik
'n stuk katel vir haar kry, was sy al byna heeltemal
nat.

15.8.01
Die reën het al die slote [met seiltjies om] oopgespoel,
en al die vuil is die rivier in, sodat dit onmoontlik is
om die water te gebruik. Nou moet ons 'n kwartier
loop om water te haal. By die tenks mag elke persoon
een bottel water kry. Dit kom uit 'n put en word gekook.

16.8.01
'n Heerlike warm dag. Nou kan die natte boel weer droog word.

17.8.01
'n Ou blinde vrou met haar dogter, wat 'n stom seun gehad het, het uit die kamp van Johannesburg hierheen gekom. Dit is hartverskeurend om te sien hoe sulke ongelukkige mense, uit hul huise weggeneem, in die kampe alle moontlike ontberinge moet deurmaak. Daar is, God sy dank, nie baie sulke ongelukkiges in ons land nie. In hierdie kamp is drie blinde kinders, 'n man uit Bethal [Smith] wat heeltemal lam is, en dan twee of drie kreupeles.

18.8.01
Van 'n vrou wat ingekom het, het ons weer iets van ons agtergeblewenes gehoor. Gelukkig nog almal wel.

19.8.01
Hier in 'n tent het hulle 'n hoeveelheid droë groente en vrugte wat aan die vroue gestuur is. Jammer dat sulke goed selde of ooit teregkom, vir wie dit bedoel is.

22.8.01
In die voormiddag hoor ons geweerskote. Hulle sê die Boere het weer honderd koeie buitgemaak, ook dat daar drie kakies dood en ses gewond is. Jammer dat dit nie drieduisend was nie.

23.8.01
Hier gaan twee van die surrenders rond om by die

geplunderde vroue *geld* te kollekteer om vir die gerief van *dié vrouens* pompe aan te bring om water by die tente te kry. Mooi!

24.8.01
In die voormiddag waai 'n sterk wind. Vieruur in die namiddag is daar alweer die verwenste opnemery. Die vrae ken ons al op ons duimpie: Waar is jou man? Hoe heet jy? Hoe heet hy? Wat is sy besitting? Waar is hy nou? Hoe oud is jy? Hoeveel kinders het jy? – en nog 'n boel onsin meer. Hier weet die magtige Engelse om hul vuile, lae mag te laat geld.
Sewe-uur namiddag. Reën.

25.8.01
Oorstromende reën.

26.8.01
Al die vroue wie se mans sedert die begin van die oorlog enige pos beklee het, gaan as gewone prisoniers weggestuur word as hul mans nie voor die 15de September hul wapens neergelê het nie. Ek het die eer om een van hulle te wees.*

27.8.01
Verlede nag het dit kwaai geryp.

28.8.01
'n Koue, nare nag. 'n Vroutjie hier langsaan skyn dit net so kwaad as die dag te hê. Sy het uit ergerlikheid

* Willem Fischer, eggenoot van die skryfster, was in een stadium veldkornet en het later in die Perdekommissie gedien.

haar pot rys van die vuur af geskop; 'n paar dae gelede het haar kan, wat nie gou genoeg wou kook nie, dieselfde straf gekry. Nou ja, ongeduld help hier nie veel nie; dit is hard om die versene teen die prikkels te skop.

29.8.01
Ek het 'n slegte nag gehad. Ek het aanmekaar te doen gehad met die vyand, en oplaas het ek gedroom dat Willem, my man, sy wapens kom neerlê, waarvan ek dit so op my senuwees gekry het dat ek nou nog siek voel.

30.8.01
Weer het ek in my droom met die familie tuis te doen gehad.

31.8.01
Al die families in die dorp wat rantsoen kry, moet kamp toe kom. Mevrou Hanke, wat siek is en 'n huis op die dorp het, is op 'n wa gelaai en moes haar ou moeder by 'n klein meidjie agterlaat.
Namiddag. Mevrou Hanke se moeder is ook gehaal. Die kleinmeid wat al vyf jaar by die familie is, moet nou na die lokasie gaan.

September 1901

1.9.01
In die namiddag was ek by 'n vrou uit die Oranje-Vrystaat [E. Cronjé, uit Vrede], wat twee dae gelede hier ingebring is en nou 'n baba het. Die arme vrou het geen enkele kombers of kussing nie. Sy is met haar vyf kinders op 'n trollie gesmyt en moes so sit. Nou het die vroue 'n paar stukkies klere vir die kleintjie bymekaargesnuffel. Die ellende wat hier in sommige tente te sien is, is nameloos.

2.9.01
Die praatjies dat die vroue uit die land weggestuur gaan word, word sterker.

3.9.01
Al die vroue wie se mans nog in die veld is, sal nie meer passe kry om uit die kamp of na die dorp te gaan nie. Hulle mag ook nie meer met 'n lykwa saamgaan nie.

4.9.01
Die vleis wat ons kry, is letterlik oneetbaar. Die vroue wat weier om dit te ontvang, kry geen steenkool of hout nie.

5.9.01
In die voormiddag is hier 'n trein verby met drie

trokke vol vroue. Party sê dit is vroue wie se mans hensoppers is en wat nou na Natal gaan. Ek glo daar niks van nie. Dit sou 'n skande wees as Engeland haar onderdane so ellendig behandel of liewer mishandel. Ek glo wel dat dit vroue van Burgers is, en dat dieselfde lot op ons wag, daarvan is ek ook seker, maar as die vuile Engelse dink dat ons oor sulke mishandeling die geringste sal doen om ons mans verraaiers te laat word, sal hulle daar bedroë uitkom. Hoe swaarder ons kry, hoe groter die haat en hoe sterker verag ons elke man wat inwillig. Jammer, o jammer dat daar so baie is wat lafhartig genoeg is om hul wapens neer te lê.

6.9.01
Behalwe kamppraatjies is alles stil.

7.9.01
Hier gaan weer vroue rond om ondersoek in te stel na die behoeftes van die gevangenes.

8.9.01
Vanmiddag het ds. Theunissen die laaste keer hier in die kamp vir ons gepreek. Hulle sê hier gaan 'n kampprediker kom. Sy teks was Jeremia 4 : 3.
In die namiddag is hier weer drie trokke vroue verby. Die vroue sit in oop trokke en die beeste wat op dieselfde trein is, in trokke met dakke.

9.9.01
'n Konvooi trek in die rigting van Volksrust uit.

10.9.01
Die vroue is aangesê om hulle gereed te hou om te vertrek.

11.9.01
Verlede nag is daar binne sewe uur drie kinders van mevrou Gouws dood. Die vierde is buite hoop siek, en die vyfde het vanoggend siek geword. Sy het sewe kinders gehad.
In die namiddag was alles in rep en roer. Die vroue wat 'n man of 'n seun in die veld het, is aangesê om môre om drie-uur by die hek te wees om weggestuur te word.

12.9.01
Voormiddag. Die kind van mevrou Gouws is iets beter, wat byna 'n wonder is. Dit gebeur selde dat 'n pasiënt wat onder doktersbehandeling is, beter word. Ons twyfel nog of die kind gesond sal word.
Elfuur voormiddag. Die vroue het al hul pluiings ingepak, en nou moet hulle weer tot môre wag. Die dokter moet eers ondersoek of daar êrens siekes is; hulle kan dan, as hy dit goedvind, tot later bly. Nou kan hulle hul bondeltjie maar weer uitpak. Hulle sê dat oor vyftien dae vyftien lyke in die lykhuis sal wees.

13.9.01
Nege-uur vanoggend is ons [my suster Rachel en ek] aangesê om twaalfuur te vertrek, en nou – halfeen – sit ons klaar om in smerige kool- of liewer luistrokke gelaai te word.
Vieruur namiddag. Hier sit of lê ons nou al byna drie

uur in son en wind om die hemel weet waarheen gestuur te word. Suid, na Natal, sê hulle. Dit is 'n aaklige gesig om vroue, kinders, ou manne, babas en 'n paar siekes wat gedra moes word ['n mevrou Calitz, 83 jaar oud, lê in die trok voor ons s'n], deurmekaargesmyt te sien, met niks buiten een kombers nie. Dit is ons nie toegestaan om ons beddens by ons in te neem nie.

En nooit was my vertroue sterker as nou nie. Hoe tog kan Engeland seën op soveel laagheid hê? Die wreedste Kafferhoofman sou van so 'n vuil, lae handeling ril. Die Engelse is, helaas, te beskaaf om hul kanonne op ons te rig en ineens 'n einde aan soveel ellende te maak. Dit sou te edelmoedig vir die lae gebroedsel wees; maar om langsaam deur harde behandeling, gebrek en, nie selde nie, deur vergif 'n einde aan ons lewe te maak, is in hulle oog geoorloof solank hulle daardeur hul doel kan bereik en ons goudvelde in die hande kry. Maar dat hulle dit sal kry, kan of wil ons nog nie glo nie.

Kort voor sononder. Ons vertrek. In die kamp wat ons verlaat, staan baie vroue, vriendinne en onbekende lotgenote om ons 'n vaarwel of tot siens toe te roep. Wat nou ons deel is, word môre hulle s'n, as hulle nog lewe.

14.9.01
Dit is of ek in 'n benoude droom is. Ek weet nie hoe laat dit is nie. Ek weet net dat ons verlede nag op Newcastle in 'n derdeklaswa gestop is en dat ons – suster Rachel, tante Levina Bezuidenhoud, die kinders en ek, almal tesame nege stuks – doodmoeg na 'n

slapelose nag voortstu. Die trein ry met so 'n vaart dat ons seer weinig of niks kan beken nie.

Karel is siek, ons dink dit is masels. In markies 17 [ons tent in Standerton] het 'n seun van mevrou Van der Merwe masels gehad, en as ons vermoede bewaarheid word, vrees ek vir die ergste. O, as ons burgers wis wat ons te verduur het, sou hulle seker nooit daaraan dink om wapens neer te lê nie, maar uit haat liewer tot die dood toe vasstaan. Ofskoon ons 'n langsame marteling ondergaan, gee ons moed en die hoop op 'n seker oorwinning nie op nie; ook hier gaan die Here met ons.

Waschbank-stasie . . . Wesselsnek . . . Elandslaagte . . . Hier het manne hul lewe vir ons saak gegee. En sou ons bewe vir die ongerief wat ons wag? Nooit, nooit sal ons iets doen om ons burgers afvallig te maak nie.

O.R.G. Fountain . . . Colenso . . . Ons sien die name op die bordjies in die kort oomblikke dat die trein stilhou, maar wie kan die gedagtes, die gevoel beskrywe waarmee ons van wie hier in hierdie streke dierbare offers begrawe lê, die name sien? Hier het ons byna 'n jaar gelede 'n heerlike oorwinning behaal, en nou? Nou word 'n boel weerlose vroue en kinders rondgeslinger om Engeland se skande te dek. Nadat hulle 'n jaar lank al hul mag met behulp van Kaffers en lae landsverraaiers gebruik het, het hulle tog vroue gevang, gedood en huise verbrand.

Die spreekwoord sê: ,,Ere wie ere toekom." Tot hiertoe is die magtige en beskaafde Engeland oorwinnaar danksy die tydige hulp van Kaffers en National Scouts of witdoeke.

Op Ladysmith het ek met mooi woorde 'n glasie gemmerbrandewyn vir Karel gekry. Ek het vier sjielings daarvoor betaal.
Namiddag. Ek dink ten minste dat dit namiddag is. Dit reën al die hele dag. Toe ons uit Standerton moes vertrek, het ons „corned beef" gekry. Nou het ons al twee maal 'n stukkie brood en „beef" geëet. Ons het ook 'n bietjie tee gemaak; 'n Kaffer het ons 'n bietjie kookwater gegee.
Op Mooirivier het hulle die lykie van 'n kind van mevrou Jacob Coense afgelaai. Die kind het rooihond, en deur die koue en natheid het die uitslag weggeslaan, wat haar dood veroorsaak het.
Karel het masels. Hy het erg koors en begin uitslaan. Ons het ons in Standerton laas gewas, wat die aaklige gevoel nog erger maak. Jammer dat enkele van ons gevangenevroue en -meisies so ligsinnig is. Vanmôre is 'n paar van hulle, solank die trein gestaan het, na 'n spoorwagtershut om te was, waar die wag hulle staan en uitlag het.
Ook in Standerton het die jong meisies en ook vroue met die hensoppers soos met beste vriende omgegaan. Dit is miskien gelukkig as 'n mens met almal, hetsy verraaier of nie, vriendskaplik kan omgaan.
Dit lyk of die oorlog die grote Engeland tog al 'n weinig uitgeput het. Daar is geen bokseile te kry om die pluiings van die vroue toe te maak nie. Alles is deur en deur nat. Maar dit kan ook wel 'n gesondheidsmaatreël wees. As die afgematte, vermoeide boerevroue 'n hele nag op die nat beddegoed geslaap het, sal daar wel 'n hele klomp na die kerkhof vertrek, waar hul ellende vir altoos 'n einde het. Nou ja, ons

vyand is nie net grootmoedig nie, maar weet ook hoe om voordelig te reken! As daar 'n paar duisend in die sesvoetruimte lê, bly daar soveel duisende ponde hop en ysvleis in die milde kommissariaat oor. En dan, al die klein boerekindertjies wat die medelye van ons edel vyand in so 'n groot mate gewek het – waarvoor leef hulle tog? Is die lewe dan nie enkel 'n jammerdal nie? En, ag! as dit die magtige Albion nie sou geluk om die twee klein, nietige republieke te bemagtig nie, wat word van die arme kindertjies? Nee, veel liewer die raad van 'n liefhebbende vader Milner en 'n Christelike lord Kitchener volg: 'n kort lyding van drie of vier maande in plaas van te lewe om lede te word van 'n vrye, uit Engeland se kloue verloste volk.

15.9.01
Namiddag. Nadat ons ses-en-dertig uur in die derde klas gesit het, was ons net met sonop hier in Merebankkamp. Vandag is die laaste dag van die genadetyd wat lord Kitchener aan ons arme burgers verleen het. Van nou af word almal wat in hul hande val, doodgeskiet. Gelukkig het ons hoop op versagte vonnisse. Lord Kitchener is tog so grootmoedig, so sagaardig! Ag ja, hy sal die grappies wel laat.
Toe ons vanmôre hier kom, het dit nog gereën. Gelukkig sien die beamptes hier nie so laag en boefagtig uit as dié van Standerton nie. Die kommandant is 'n klein, beleefde man en blykbaar nie gewoond om vroue in so 'n toestand te sien nie. Hy praat gebroke Afrikaans, wat my laat dink dat hy tog 'n Engelsman moet wees; maar waar was hy dan die hele tyd dat beskaafde gebruike hom so vreemd gebly het? Hy

het ons dadelik na die tente laat bring en my 'n Kaffer gegee om Karel te dra, waarvoor ek hom dankbaar bly; ek was so bang dat hy sou nat word. Nou is ons net ons drie – suster Rachel, tante Levina en ek – in 'n ronde tent. As dit Standerton was, sou ons bepaald nog op sandhope gelê het.

Ons het tot ons verwondering opgemerk dat die naturelle ons byna sonder uitsondering orals met verbaasde of deelnemende gesigte aankyk en ons, waar ons dit gevra het, klein diensies bewys het, terwyl die blankes ons almal met 'n glans van triomf en smalende gesigte bekyk. Een heer wat uit spot 'n meisie onder die gevangenes wou handgee, het gesê toe sy weier om hare te gee: ,,O, sy weet dat ek te goed is vir 'n handdruk van haar."

16.9.01
Vroue het uit Pretoria en Krugersdorp aangekom, ook met 'n nat boel.

17.9.01
Daar het weer vroue aangekom.

18.9.01
Karel is gelukkig beter. Hy het waterpokkies bo-op die masels. Ek het die dokter ingeroep om moeilikheid te voorkom, maar ek was bang om sy medisyne te gebruik. Ons gebruik die gewone huismiddels. Lucie begin slaperig lyk; die Hemel gee dat sy tog nie siek word nie.

19.9.01
Karel is goddank so ver gesond dat hy al die hele dag opsit en goed eet.

20.9.01
Lucie moet in die bed bly, sy begin uitslaan. Mag sy tog ook so lig daardeur kom as Karel. Ek kwel my so oor haar. Ons weet nog nie of haar moeder al weggevoer is en of sy nog tuis is nie.
Namiddag. Dit reën en is koud. Ons het die aand toe ons hier gekom het, 23 pond hout gekry. Nou sit ons al twee dae sonder vuur, wat vir ons 'n groot ontbering is, veral noudat die kinders siek is.
Vyfuur vanmiddag kry ons toe weer hout. Ons kry na gelang die familie groot is. Suster Rachel en ek kry saam 23 pond. Ons het gedink vir twee dae, maar nou is dit vir agt dae.

21.9.01
Nege-uur in die namiddag kom Johanna Sluiter hier aan. O, ek kan nie sê hoe bly ons was om weer 'n liewe kennis te sien en te hoor dat dit met hulle nog goed gaan nie.

22.9.01
In die voormiddag is die ou mev. Calitz oorlede, 76 jaar oud. Haar man is nog in die veld. Sy is op Standerton op 'n kaal wa na die trokke gebring en moes by die kamphek byna drie uur in die son lê en die volgende nag in die nat, koue trokke, wat dan ook op haar leeftyd te veel vir haar kragte was. Dit is die eerste sterfgeval in die kamp.

In die namiddag het ons seiltjies vir die vloere gebring; die sand is erg nat, ons bedde is elke oggend nat, en die paar pluiings wat ons het, is aangeslaan en vermuf.

23.9.01
In die voormiddag kom Henriette, Johanna en Maatjie Steenkamp hier aan. Ek sal maar nie sê hoe bly ons was nie.
Vanmiddag om vieruur het hier 'n trein met vroue uit Belfast en Krugersdorp aangekom. By dié van Belfast is 'n paar bekendes. Hulle sê dat 'n mevrou Potgieter [geb. Britz] in die kamp daar doodgeskiet is en dat twee kinders van Davies gewond is. Daar was 'n vals gerug dat daar boere in die nabyheid is, waarop die troepe op die folterkamp geskiet het.
O. v. N. was hier as konduktateur oor die gevangenes. Ek het gehoop dat ons hier geen verraaiers en moordenaars sal hoef te sien soos in Standerton die geval was nie, maar ook die genot is ons nie gegun nie.

25.9.01
Nou het Racheltjie Fischer masels. Lucie is byna herstel, maar dit lyk of sy 'n soort koors het. Ons is bang om die dokter te raadpleeg.

26.9.01
Die dogtertjie van J. van Rensburg is dood, sy is die derde dode hier.

27.9.01
Suster Rachel en ek het 'n kind, twee jaar oud, van

mevrou P. Beukes uit die Oranje-Vrystaat hier, solank haar moeder siek is.

28.9.01
Lucie bly swak en slaperig; andersins gaan alles goed – sover goed 'n woord vir ons teenswoordige bestaan is.
Dit is vandag my verjaardag. Ek dink dat dit tuis so ellendig daar uitsien dat Willem nie daaraan sal dink nie. Ag, watter ongelukkige verjaardae was die laaste twee! 'n Jaar gelede was ek nog in my huis, maar toe was ons dorp al twee maal deur die vyand geplunder en het alles hopeloos daar uitgesien; nou sit ons gevange hier, ver van ons mense verwyderd, en miskien is hulle ook al nie meer in die land van die lewende nie. Tot hier toe het die Here ons gespaar. Al wat ek kan doen, is om Hom dag en nag te bid om hulle vir ons en ons vir hulle te spaar.

29.9.01
Uit Volksrust het 'n trein vol vroue aangekom. Suster Johanna* met haar kinders is onder hulle.

30.9.01
Die kindjie wat hier by ons was, is dood. Dit spyt my erg; sy was 'n liewe klein ding. Ek glo nie dat baie van die kinders weer uit die kampe sal kom nie.

---

* Skoonsuster – genl. Tobias Smuts, later ook Volksraadslid vir Ermelo, se vrou.

Oktober 1901

1.10.01
Racheltjie is gelukkig gesond.

2.10.01
In die voormiddag word ek aangesê om môre om nege-uur in die kantoor te wees. Hier loop 'n man rond om orde te hou oor die vuilgoed wat uit die tente gevee word. Voor ons tent was koffiemoer uitgegooi, wat vir vreeslik onrein uitgemaak word, natuurlik net deur die engelrein Engelse, wat geen vuiligheid kan aankyk nie, maar daar geen beswaar in vind om vuil, lae dade te doen of deur hul ondergeskiktes te laat doen nie. Hier lê die vroue en kinders soos varke in die sand, siekes en gesondes, klein en groot deurmekaar. Die meeste het geen stoel om op te sit nie, van katels is daar geen sprake nie, melkkiste en leë blikke moet as tafels en stoele dien. Dit is 'n ware siekedal. Byna in elkeen van die neste – veral die veld- of ronde tente – is van twee tot vyf siekes. Dit is 'n rampsalige toestand. Die dokter [as hy een is] is te fyn om in die tente na die siekes te gaan kyk; die siekes moet tot buite voor die deure gebring word, en as dit nie gedoen word nie, gaan meneer die dokter weg en kan die sieke maar die mas opkom.

3.10.01
Lettie Bezuidenhoud het die koors en is ernstig siek.

Toe haar moeder heel beleef die dokter vra om haar dogter te kom sien, is hy gewillig as sy buite die tent gebring kan word. Toe dit nie gou genoeg gedoen word nie, stap hy net so weg.
In die namiddag gaan mevrou Bezuidenhoud hom weer roep. Uit grote edelmoedigheid kom hy met sy arms oormekaar voor die bed staan en vra haar wat haar skeel. Toe sy nie weet wat nie, stap hy doodbedaard weg met die order dat ons hom môre om tienuur moet roep wanneer hy sy gewone rondte moet doen. Geen wonder dat die stille slagvelde waar die sogenaamde dokters generaals is, so geseënd is nie.

4.10.01
Dit word al erger. Nou het ons vier siekes in ons tent. Mevrou Bezuidenhoud begin kla en sien daar sleg uit. Verlede nag is twee kinders dood.

5.10.01
Die regulasies van die kamp is by die kommandant se kantoor aangeplak. Die vroue het die woord ,,refugee" daar uitgeskeur en in plaas daarvan ,,krygsgevangene" geskrywe. Daarop is weer 'n dreigement aangeplak dat as een van die refugees wat iets afgeskeur het, in die hande kom, sy gestraf sal word – maar ook daaruit is die leuenagtige naam geskeur.
Vyfuur die namiddag kom Jettie Sluiter hier aan vir die tweede maal – dus weer 'n paar gelukkige ure in ons verwenste ballingskap.

6.10.01
Dit is vandag Pa se verjaardag. O, hoe gelukkig sou

ek nie wees as ek één by hom en al ons dierbares kon wees nie. Hoe sou dit met hom gaan? Miskien al dood of gevange! Maar nee, die goeie God sal hom die smart bespaar om in die hande van die Engelse te val. Hy is 79 jaar en nou moet hy dag na dag vlug, soveel ellende uitstaan en dan miskien soos baie van ons ou vaders, gevang en oorsee gestuur word. Nee, dit kan nie, dan liewer die dood. Hoe sal die grys hoof ooit voor ons doodsvyande kan buig? En tog kom die vrees dat ons ons onafhanklikheid gaan verloor al by my op, maar dan gevoel ek my so skuldig. Sou die goeie God dan nie meer barmhartig wees nie? Sou soveel ellende tevergeefs wees? Ons het dit tog nie vir roem of eer gedoen nie, alleen maar vir ons reg.

7.10.01
Die berigte wat ons hier van die kommando kry, is erg ontmoedigend.
Miemie Lombaard, geb. Piek, het my 'n flessie gegee waarop ,,een eetlepel elke twee uur" te lees staan, vir Andries Piek, 10 jaar.
Die inhoud het erg na karbol geruik. Ek het daaraan geproe en my tong so gebrand dat suster Rachel, wat uit was, gedink het ek het my met koffie so verbrand. Ek het Miemie gesê as sy hom die eetlepel vol gee, sal hy geen tweede nodig hê nie, wat sy nou natuurlik nie sal doen nie.
Vieruur vanmiddag is Racheltjie Fischer en Ragie Smuts met tante Henriette Sluiter saam na Durban.

8.10.01
Vanmôre vroeg al is die kanne vuilwater weggeneem

en die was- en gemakhuise skoongemaak. Toe weet ons al dadelik dat daar iets aan die gang is en, o ja, in die namiddag kom 'n paar here die boel in oënskou neem, wat hulle natuurlik gister al hier geweet het. Nou kan hulle met 'n geruste gewete [wat nogal gevoelig is] sê dat alles in die kamp netjies in orde is. Dit is waarlik 'n indrukwekkende gesig om te sien hoe die netjies geklede, beskaafde here en ook dames [vandag is daar twee] met wandelstokke in die hand en ordetekens op die mou, met 'n gids voor en 'n gewapende mag agteraan, hier rondgaan – eers in die bo-straat [soos die streep sand tussen die rye tente genoem word] en dan weer in die onderstraat [weer die streep sand tussen die washuise en die tente] – met die erns van 'n professor op die gelaat en die eerbiedwekkende houding van 'n generaal wat die vegterrein in oënskou neem. En al die vertoon vir niks anders nie as vier of ses sinkhokke wat die eerste die beste Swazi met veel minder skyn in orde sou kon hou. O ja! Ek vergeet dat dit só meer beskaaf is.

„En gaan hulle ook in die tente kyk?" hoor ek een onnosel boerevrou vra. Die arme siel! Al die moeite en liefdevolle besorgdheid van ons edele oorwinnaars kon nie die kleinste straaltjie lig in haar barbaarse siel bring nie. In die tente kyk! Daar waar vroue en kinders – siek en gesond, klein en groot, seuns en meisies – deurmekaar in die sand lê? Waarlik, die vrou is deur al die goeie wat haar aangedoen is, 'n weinig van stryk. Weet sy nie dat so iets te veel sou wees vir die swakke senuwees en die fyngevoelige harte van die here wat aan reinheid en netheid gewoond is nie? Om soveel ellende te sien as wat die kamptente oplewer, daarvoor kon hulle wel in hul eie land gebly het. Of sou die agterstrate van Londen nou ook 'n weinig warmte voel van die goue strale uit die Witwatersrand wat soveel mensliewendheid in die hooggeplaastes daar laat ontkiem?

9.10.01
Ons sit al drie dae sonder hout en het geen kooltjie vuur nie. Maar ook hieraan sal ons wel moet gewoond word.
Ek het 'n brief uit Standerton van meneer Lugten. Die Standertonkamp is nou aan die beurt. Daar val gemiddeld tien slagoffers per dag op die stille slagveld aldaar. Die bevelvoerende offisiere aldaar kan met reg aanspraak maak op die Victoria-kruis – of, wat nog veel beter is, op 'n beurs van Victoria-koppe. Dit sou jammer wees as lord Kitchener, wat bekend is as 'n fyngevoelige, regverdige en grootmoedige bevelhebber, sulke kostelike dienste nie na waarde weet te beloon nie. Vir geld kan hy tog wel genoeg stalknegte, messelaars en rondlopers kry wat daar geen beswaar in sien om daagliks klein, onskuldige kinders en weerlose vroue die ewigheid in te stuur nie.
Dit is 'n beskaafde middel om 'n einde aan hul lyding te maak, al sal die soort mensliewendheid ook enige Kaffer of Boesman met walging vervul.
Dit is opmerklik dat ons 'n paar dae voor ons vertrek uit Standerton een van die meisies wat in die hospitaal gewerk het, hoor vertel het dat daar binnekort 15 tot 20 lyke in die lykhuis sou wees. Hoe het sy dit geweet?
In die voormiddag moes die dokter 'n dogtertjie van

mevrou Piek opereer. Hy het gesê sy het 'n gifseer. Sy moes na die hospitaal gebring word, waar die waarde dokter 'n stuk uit haar wang en mond gesny het en daar 'n watteprop met karbolpoeier ingestop het. So kon hulle haar terugneem, met die order om van die poeier ook in die tent rond te strooi. Die arme kind het baie pyn, maar sal wel binnekort van honger omkom, want sy kan nou niks eet of drink nie. Arme Anna, waarom nie hier gebly nie?

10.10.01
Die dogtertjie is dood – gelukkig vir haar, want haar lyding was ondraaglik.
Baie van die vroue het plan gehad om vandag see toe te gaan maar kon geen passe kry nie – waarom nie, weet niemand. Ons kan nie anders dink nie as dat dit oor die verjaardag van ons president is. Daar gaan elke dag vroue see toe, en waarom nie vandag nie? 'n Lamme, lawwe kleingeestigheid.

11.10.01
Mevrou Levina Bezuidenhoud en haar dogter Lettie lê siek in die bed aan 'n soort koors. Hulle word erg swak. Ons het nog elke dag siekte in ons tent en moet by gebrek aan hout met teerlappe wat die kinders by die werkplase opraap, kook, of anders in die bos gaan hout haal, wat byna onmoontlik is.

13.10.01
Lettie word slegter. Ook haar broertjie Andries word swakker.

14.10.01
Die ellende word elke dag groter, en tog lyk dit of die vroue nie genoeg werk of tydkorting het nie. Dit kan verkeerd wees, maar ek kan nie anders as om kwaad te voel nie. Party van die vroue – nogal van die dames – het ingestem om die private op te pas en toe te sien dat hulle skoongehou word, myns insiens 'n lawwe hulpvaardigheid en gebrek aan eergevoel. Nou pryk hul name met groot letters in dié huisies, en dit is 'n gedurige vangery van kinders, belediging van vroue en kantoor toe gaan. Selfs meisies van twaalf en vyftien jaar moet as getuies in sulke klas sakies na die kantoor kom. En dit alles omdat die sogenaamde dames meen hulle is wat groots as hulle by die kommandant iets kan aandra. Ek sou wel wil weet of hul mans wat nog in die veld is, ook só daaroor dink.

15.10.01
Wie met pik omgaan, word met pik besmeer, sê 'n ou spreekwoord. Jammer dat ek nie daaraan gedink het nie, dan het ek miskien nie in die moeilikheid geraak nie.
Om nege-uur vanmôre moes ek in die kantoor verskyn omdat ek in ons tent teenoor 'n vrou my afkeuring van hul baantjie uitgespreek het, en omdat ek, soos die kommandant gesê het, skerp was, moes ek drie dae halfrantsoen kry. Dit is treurig dat vroue wat selfs voorbidders in bidure is, polisie speel en dan klein seuntjies en meisietjies dwing om teen vroue sulke getuienis te gee en dan nog dink dat hulle 'n kordaatstuk gedoen het. Die Hemel gee dat daar 'n einde aan die ellende mag kom.

16.10.01
Elfuur vm. kom 'n man en 'n paar Kaffers om die kussings, matras en komberse van mevrou Piek waarop die dogtertjie met die seer mond gelê het, te verbrand – onder voorwendsel dat dit 'n aansteeklike iets was. Ons het al die nagte by die kind gewaak en is oortuig dat dit niks anders was nie as inflammasie wat deur 'n slegte tand veroorsaak was.
Ons is ook nie deur die dokter gewaarsku nie, en nou moet die arme sukkelende vrou nog geplunder word. As vergoeding vir 'n eenpersoonsverebed, twee kussings en twee komberse kry sy twee komberse te leen, 'n geruite sloop met strooi. Pragtig! 'n Matras is te kostelik! Engeland het sy duite vir iets anders nodig – miskien om Kaffers en vuile Afrikaners vir hul dienste te betaal.

17.10.01
Vanmôre gaan 'n Kafferpolisieman rond om die seuns wat met knikkers in die sand speel, te vang en voor die kommandant te bring.

18.10.01
Die seuntjie van mevrou Bezuidenhoud word slegter.

19.10.01
Klein Andries is dood. Hy was 6 jaar oud en sy ma se jongste.

21.10.01
Andries se lyk word met die trein êrens na die Isipingo gebring. Verlede nag is nog twee kinders dood.

Suster Rachel is na Durban om Racheltjie te haal.

22.10.01
Hier het weer vroue met die trein aangekom.
Namiddag. Die see toe gaan is belet. Hulle sê die koelies het gekla dat hul suikerriet deur die vroue en kinders verniel word. Dus is dit ook uit, danksy die lawwigheid van 'n paar vroue – of miskien ook wel 'n kostelike ingewing van een of ander liefhebbende vriend wat die vroue soveel vryheid beny het.

23.10.01
Lucie het hoofpyn en erg koors. Die Hemel gee dat dit nie kampkoors is nie. Ons het nog elke dag siekte in ons tent.

24.10.01
Die hospitaal is 'n paar tree van die treinspoor opgerig, erg tot gerief van die siekes. Die Engelse dokters het ontdek dat die geraas, gefluit en gedreun van 'n trein baie gesond vir boerevroue en boerekinders is.

25.10.01
Lucie is nog siek.

27.10.01
Van die ses siekes wat in die hospitaal was, is vier al dood. Uitmuntend!

28.10.01
Miemie Lombaard is ernstig siek en moet hospitaal toe; dit sal wel vir altyd wees. Haar baba is by ons.

29.10.01
Lucie het die koors. Ek voel so onrustig. Arme Annie, as sy dit moet weet, sal haar ellende nog ondraagliker wees. Ek wil nie die dokter inroep nie; my geloof aan maagpoeiers ontneem my die moed daartoe.
Namiddag. Hier loop 'n kamppotjie [B.C.P.]* om die vroue aan te sê om te vee en die vuilgoed op te raap. Hy sê daar word 'n generaal verwag. Dié kom seker om sy verhewe siel met sy werk geluk te wens. Dit sou tog alte barbaars wees om vroue wat met klein of siek kinders in vuil sandtente lê, 'n rukkie met rus te laat nadat hulle van drie tot vyf dae in kaal trokke gesit het. Ag ja, van so iets sou sy beskaafde hart en verfynde senugestel hoendervel kry. Die humane Britte, by wie se grootheid alles in die niet versink, kan wel na twee jaar – hul mag, gesteun deur Kaffers en verraaiers, aan twee klein republiekies verswak – 'n hoë bors aan 'n hoop vroue vertoon. Waarlik groot en edel! Dit is wel die moeite werd om beskaaf en Gode welaangenaam te wees! Nero sou 'n kind in Engeland se heldery gewees het; hy sou ten minste nie daaraan gedink het om so Christelik-mensliewend te wees nie.

30.10.01
Die verwagte meneer was hier. Sy oë het al die heerlikheid aanskou tot bevrediging van sy humane siel.

31.10.01
By wyse van verandering het ons vandag „corned beef".

* Burgher Camp Police

November 1901

2.11.01
Hulle sê ons gaan 'n ander dokter kry. Seker een wat sy plig om vroue en kinders uit hul ellende te help, beter verstaan.

3.11.01
Die nuwe held, dokter Hardy [of so iets], het vanmôre die ronde gedoen, met 'n vergenoegde gesig en 'n „I am..." soos dit 'n egte „gentleman" [Engelse, bedoel ek] pas. Hy sien daar minder boefagtig as die eerste uit – dus 'n mooier wolf in doktersklere.

4.11.01
Dit waai verskriklik.

7.11.01
Erg warm vandag. Lucie is gelukkig gesond. Ook tante Levina Bezuidenhoud en haar dogter Lettie gaan goed vooruit, en dit sonder maagpoeier.

8.11.01
Dokter O'Reilly, vroeër van Martinus-Wesselstroom, is nou ook hier. Dit is te hope dat die hospitaal, waar al verskeie pasiënte is, iets anders as 'n slagplaas sal word.

9.11.01
In die voormiddag is die kantoor en werkplekke gesluit ter ere van Sy Majesteit se verjaardag.
Namiddag. Suster Johanna is aangesê dat sy met haar kinders lewenslank verban is en ook dat sy kan kies waarheen sy wil gaan; net na Engeland kan sy nie gaan nie. Asof dit ooit in haar kop sou opkom om na so 'n skuimnes te gaan; die lug daar moet so verpestend wees dat sy wel vanself daar sal wegbly. Nou, dit is na my mening egte Engelse grootmoedigheid! Hulle moet alweer 'n paar vroue se lewe vergal. Dit staan nog wel te besien, dink ek, wie hier te verban is. Johanna het geweier om te gaan. Nou sal ons sien. Met die eerste die beste boot wat na Europa gaan, moet sy vertrek; hulle sê daar is meer vroue verban. Ek dink dit is nou nog bangmakery.
Hulle sê mevrou kaptein Botha en mevrou Emmet is terug nadat hulle 'n onderhoud van 'n uur met kaptein Botha en Emmet gehad het.

12.11.01
Alweer 'n bevel om in die tente te bly. Seker vir die maandelikse bieg. Ons ken al die vrae van buite: Wat is u naam? En u man se naam? Hoe oud is u? Hoeveel kinders het u? Hoeveel gaan u nog hê? Waar is u man? Wat besit hy? Het u man een of ander betrekking in Transvaal beklee, beklee hy nou een of sou hy een beklee? Vir sulke ellendige vrae moet daar nou 'n stuk of wat leeglopers, hensoppers rondloop om 'n stukkie hopbrood van hul meester of baas te kry.

13.11.01
Alweer 'n ellendeling om te hoor of daar in een of ander tent iemand siek of dood is. Arme, diep ellendige boer wat sy wapen oorgegee het aan 'n nasie wat daarin behae het om 'n skepsel wat al so laag is, nog meer te verlaag! Dit is moeilik om te sê wie van die twee die meeste te verag is.

14.11.01
Daar is weer vroue uit Volksrust gebring. Van hulle hoor ons dat daar weer op verskillende plekke geveg is, ook dat Johannes Bührmann en Steven Scheepers gewond is. Arme Johanna! Hoe lank sal sy nou op nadere berigte moet wag.

16.11.01
Vanmiddag het ons weer 'n gelukkige uurtjie gehad – ten minste so gelukkig as wat ek glo dat ons hier kan hê. Johanna en haar kinders en Johanna Sluiter was hier. Hulle mag nie langer as een dag gebly het nie, maar die paar uur het ons tog gehad. Johanna hou goed, maar sy word by die dag kleiner. Aan haar en ook aan Johanna Sluiter kan ek sien dat selfs die woon in 'n eie huis in Durban ook nie die minste vergoeding is vir wat ons verloor het nie. Ek wou Lucie, wat nog altyd swak is, saamstuur – maar dit mag nie, sê die kommandant. 'n Lamme voorwendsel van rantsoen of so iets is aan my voorgehou met 'n ,,I am sorry." Nou ja, dit is alles om 't ewe. Ons is gevangenes en moet maar toesien. As daar weer 'n geleentheid kom, gaan ek weer 'n bede tot sy edelheid rig.

As die kinders maar gesond bly ... Ek dink daar gaan nog erger dae vir ons kom.

18.11.01
Herman en Jettie Sluiter was hier. Jettie mag tot môre bly, waaroor ons baie bly is. Herman moet weer met die vieruurtrein terug.

19.11.01
Jettie is weer weg, en Lucie kon saamgaan. Hoe genadig van die menere. Maar o ja, ons moet hier selfs vir 'n skop dankbaar wees, en hoe dan nog vir so 'n guns.
Namiddag. Mevrou Swarts van Bethal met haar twee dogters het uit die Standertonkamp hier aangekom nadat hulle agt dae op Standerton in die tronk moes sit. Sy het die grote misdaad begaan om 'n portret en 'n paar rolletjies gare aan 'n Kaffer wat uit die kamp wou ontsnap, te gee vir haar seun wat nog in die veld is.
Sy moes in Standerton voor die hof kom en is sonder veel omweë in die tronk gestop en daaruit in die trein. Mevrou Swarts is nie toegelaat om haar klein kindjie [3 jaar oud] te sien of saam te bring nie. Hier sit sy met haar twee dogters in 'n sinkhokkie met soveel as drie leë melkkiste vir stoele.

20.11.01
Ons het nou 'n spiritusstofie gekoop. Dit gaan nie met ons hoeveelheid hout nie, en met die houtdraery nog minder.

21.11.01
Ons, naamlik die kinders en ek, wou graag see toe gaan, maar die kommandant het dit in sy edelmoedige hart gekry om geen ander pad as dié oor die Isipingo toe te laat nie – 'n afstand van nege myl, sê hulle. Of ons so 'n gesondheidswandeling sal gaan maak, sal elkeen wat al ses of sewe maande onder Albion se Christelike beskerming was, wel begryp.

22.11.01
Vir die eerste keer vandat ons hier is, was ek uit hierdie smerige kamp. Die meeste vroue wat meer as drie of vier eters daarop nahou, is verplig om in die bos hout te haal. [Ons kry tog hout per pond vir elke persoon bo twaalf jaar.] Met die deur mensliewendheid beskermde houtdraers was ek saam die bos in, so ver ten minste as wat braamstruike, sekel- of bobbejaantou en ander haak-en-steekgewasse dit toelaat.
Dit lyk my die bosse is ook al verengels, of sou vuil en onkruid 'n natuurlike gevolg van beskawing wees? Ek glo byna so. Bosse wat ek tevore gesien het, was heeltemal anders.
Ons hoor of sien geen enkele voël nie. Die gevleuelde onderdane van H.M. Victoria skyn ook meer van onbeskaafde streke te dink. Hoe dwaas! Asof sterwe onder die vlag met strepe, al is dit van honger, nie salig is nie.
Namiddag. Ons hoor weer van gevegte, ook dat daar aan ons kant baie gewondes en 'n paar gesneuweldes was. Die ondraaglike onsekerheid omtrent almal en alles wat vir ons dierbaar is, sou selfs buiten die ont-

beringe en ellende wat ons daagliks ondervind, voldoende wees om 'n hel te maak.

24.11.01
Sondag. In die namiddag was suster Rachel, die kinders en ek met mevrou Wilden saam na 'n kerkhoffie waar haar kind begrawe is. Maar, helaas, ook daar was ons genoodsaak om die teenwoordigheid van die edele gespuis te geniet. Twee kakies kom juis om kwasi die kerkhof te besien, en of die paar gevange vroue en kinders na verraadplanne gelyk het, wie weet?

25.11.01
Vir my 'n dag vol herinneringe. Dit is die verjaardag van Willem, my man, en my broer Tobias Smuts. Wat, hoe, waarom, waarvoor? Dit is woorde wat die hele môre in my gedagtes is. Wat doen hulle? Hoe gaan dit met hulle? Waarom moet ons hier en hulle daar wees? Waarvoor al die ellende, die namelose verlange? Ja, waarvoor – as ons soos die Engelse nuusblaaie sê, nou al hopeloos verlore is? Wat en waarvoor dan?
Maar dit kan nie, selfs die gedagte haat ek! Soveel ellende, soveel leed, al die lewens, en dan alles om vir ewig slawe te wees. Dit kán nie.
Suster Rachel en ek gaan na Johanna. Miskien sal die onstuimigheid in my binneste dan effens bedaar.
En tog het ek nog groot rede tot dankbaarheid! Ons is nog gesond en hoop en vertrou dat hulle ook nog lewe. Hoeveel is hier en elders wat van hul hele familie een, twee of ook geen enkele oor het nie, nou al nie, en hoe lank gaan dit nog duur? O, as ek net wis

dat dit nie tevergeefs is nie, dan sou daar selfs vir die ongelukkige beroofdes 'n vergoeding wag.
In die namiddag was ons met die kinders en 'n paar kennisse 'n entjie uit die kamp aan die ander kant, maar ook daar is en bly alles drukkend en naar.

26.11.01
Alweer die verwenste opneem van name. Dit is om van woedend te word as jy die gespuis met 'n vername houding en vergenoegde laggie in die ellendige tente sien rondkyk en die moeders van wie daar al van twee tot vier en selfs meer kinders in die kerkhof lê, vra: ,,Is hier 'n kind dood? Is hier een siek? Hoe gaan dit – alles goed?" Hier! Hier! O, as ek die vrae hoor, wens ek dat ek 'n oomblik die mag van Elia kon hê. Dan sou die lae verraaiers nie meer so heel veel ellende te sien kry nie.

28.11.01
Harde weer en reën. Dit is die eerste donderweer wat ons hier het.

29.11.01
Weer het vroue uit Krugersdorp aangekom.

30.11.01
Die voormiddag was ek na Durban om Lucie en Dora te haal. Karel en Tobias het ook verlof om 'n paar dae daar te bly. Dit was 'n aaklige dag: koud met 'n slegte wind, maar tog weer 'n paar aangename ure.
Dit is ses maande dat ek laas in 'n huis was. Vanmiddag het hier alweer 'n trein vol vroue aangekom.

Desember 1901

1.12.01
Weer het vrouens aangekom.

2.12.01
Weer 'n trein met vroue, onder andere ook mevrou Ennis. Ons mag nie meer op die stasie kom om hulle te sien nie.

6.12.01
Miemie Lombaard is in die hospitaal oorlede. Sy is nou al die vyfde dode uit die familie in die nog nie drie maande dat ons hier is nie.

8.12.01
Vroue uit Standerton; ook 'n boel hensoppers.

12.12.01
Die voormiddag was ons see toe. Dit is die eerste maal dat ons in ons tent so gesond is dat ons kan uitgaan. Ek het my veel meer van die see voorgestel. Dit is wel groots, maar tog nie soos ek gedink het nie. Ook daar bly die aaklige gevoel wat al byna 'n deel van onsself geword het.

14.12.01
Van broer Piet Uys* 'n brief uit Ladysmith dat hy die

---
* Getroud met Dorothea [Dorie] Smuts, suster van die skryfster.

3de Desember met 85 ander, waaronder di. Ennis en Liebenberg van Bethal, gevange geneem is.

16.12.01
'n Feesdag in ballingskap. Wat dit sê, kan alleen diegene verstaan wat saam met ons gevange sit. Mag God gee dat daar spoedig 'n einde aan kom.

18.12.01
Die kamp is vir vyftien dae onder kwarantyn vanweë een of twee gevalle van witseerkeel. Nou moet ons so sorgvuldig bewaak word teen besmetting. Hoe edelmoedig! Uit loutere mensliewendheid word vroue en kinders, oud, jonk, siek of gesond, uit alle hoeke van die Vrystaat en Transvaal by hope in klein tente of nat, vuil kamers gestop, en dan – o so genadiglik – met gekleurde suiker of liewer met vitrioelsuiker vergiftig, waardeur dan ook daagliks enige dosyn dankbare uitgeteerde lyke na die kerkhof gedra word. 'n Paar boerevroue wat uit Durban hiernatoe gekom het, o.a. mevrou Coetsee en Lettie Steenkamp, moes van elfuur voormiddag tot vyfuur namiddag op die stasie bly, want dit sou tog hartverskeurend wees as hulle besmet word.

19.12.01
Alweer 'n verandering in die kommissariaat; seker minder kos vir kinders.

20.12.01
'n Sekere mevrou Van Schalkwyk uit Krugersdorp het 'n brief van haar suster daar ontvang met die

tyding dat eersgenoemde se man, Daniel van Schalkwyk, op 17 Desember om sewe-uur voormiddag op bevel van lord Kitchener doodgeskiet is. Hy het naamlik toe hy gevange geneem is, 'n offisier doodgeskiet [seker ook nadat hy ontwapen en geplunder was].

21.12.01
Johanna Sluiter was hier. Sy het die geluk gehad om van die krygsgevangenes te sien [op die Engelse manier, natuurlik], onder andere ook Bernardus Groenewald en Fanie Scheepers. Van hulle verneem ons dat dit met ons familie nog goed gaan.

23.12.01
Vandag was daar iets grappigs. Een van die B.C.P. het gisteraand die ketel en vuuremmer ['n gewone sinkemmer of kan met gate daarin wat as stoof dien] omgeskop – na tienuur mag ons geen vuur hê nie, sê hy – waarvoor hy 'n boel mooi woorde en houe met 'n plank van die eienares gekry het. Vanmôre gaan die held kla, maar kon, helaas, die dader nie vind nie, omdat die bewoners van die tent wat hy genoem het, alles ontken. Dit was 'n buurvroutjie wat so knap was.
In die namiddag was daar 'n groot slang by mevrou Piek in die tent. Die skrik wat onder die kleintjies geheers het en mevrou Piek se ontstelde gesig was wel iets om 'n mens se laglus te wek.

24.12.01
Vanmiddag 'n brief van suster Annie Smuts uit

Balmoral met die tyding dat Alie op 16 Desember oorlede is. Arme suster! Arme broer Willem! [Smuts] As hy nog leef! Hoe, wat moet hulle dra! Ook een wat letterlik doodgemartel is. O, Engeland se grootheid, Engeland se roem! Sou al die lyding, al die leed tevergeefs wees? Sou so – die een voor, die ander na – almal gaan totdat Engeland se snode doel bereik is? Helaas, alles skyn haar te geluk. Wie kan die vrae beantwoord wat ons siele deurkruis? Geen hoop? Geen redding? Sou daar dan geen geregtigheid meer wees nie?
Sou God ons so straf en sy Naam laat belaster? Of moet ons deur soveel ellende verstaan wat dit beteken: Hulle wat glo, is nie haastig nie? En tog word dit byna te veel vir vlees en bloed.

25.12.01
Kersfees. Ere sy God in die hoogste hemele en vrede op aarde . . .
Gelukkig is hulle wat sielevrede besit – vrede, terwyl dood, verwoesting, ellende ons orals voor oë staan. Ons dierbares dood, gevange, gewond, uitmekaargejaag; ons huise verbrand; kerke verwoes; ons land, die erfdeel van ons vadere, waarvoor hulle so nameloos gely en gestry het, in die hande van die vervloekte vyand – en dan vrede! Mag ook vir my die dag aanbreek dat ek in waarheid vrede mag hê . . . Ons was na die kerk, of liewer, na die sogenaamde skoolgebou waarin op Sondae godsdiens gehou word. Ons het gedink ons gaan 'n preek of ten minste iets opbeurends hoor, maar is teleurgestel. 'n Sekere heer Luther ['n hensopper wat seker by een of ander

geleentheid iets van Martin Luther gehoor het en
dink dat dit hier die plek is om ook so iets soos sy
naamgenoot te word, omdat hy tog, hoe misplaas ook
al, die naam het] het 'n hoë, byna bespotlike rede
gehou waaruit seker net hy en die beste toehoorder
van ons iets kon wys word. Hoe treurig dat so 'n laf-
hartige oorloper nog durf waag om iets oor godsdiens
te sê.
Ds. Enslin is siek; ds. Van Belkum het die diens in
kamp nr. 2 gehou.

26.12.01
Ek was see toe – uit moedeloosheid, glo ek, want krag
of lus om te loop het ons nie. Waar ek ook al is, die
gedagtes bly altoos dieselfde. Kon 'n mens hulle maar
'n rukkie opsysit . . .

28.12.01
'n Paar seuns het ses bottels gemmerbier gesteel en
het met 'n vermaning daarvan afgekom. O wonder!

31.12.01
Suster Rachel is na Durban, waar sy vier dae mag
bly [uit genade natuurlik]. As sy haar sorg en kom-
mer daar maar 'n bietjie vergeet . . .
Ons is al twee dae sonder hout of iets wat na brand-
stof lyk. Dit reën al die hele dag. Alles sien daar ellen-
dig uit. Mag die Hemel gee dat daar 'n einde aan
kom! Ag, wat is ek ondankbaar! Vanmôre is orals
dinge aangeplak dat dit ons toegestaan is om ons
vuur die laaste twee aande tot na sewe-uur aan te
hou, en dit nogal om iets vir ons en ons kinders klaar

te maak vir die vierings van Nuwejaar. Is dit nou nie oneindig liefderik en mensliewend nie? Wat klaargemaak moet word, word nie gesê nie. Party het as rantsoen iets gekry wat wel na so iets soos 'n kuit van 'n bul lyk. Dit skeel miskien aan die domheid van die boerevroue! Dit is seker dat geeneen die kuns verstaan om vuur sonder brandstof of ete van niks te maak nie. As hier nou maar 'n beskaafde Engelse vrou te vinde was, sou sy ons miskien uit loutere edelmoedigheid uit die onkunde help.

Januarie 1902

1.1.02

Ag ja, 'n nuwe jaar. Wat sal dit ons bring? Nuwe ellende, nuwe verliese? Ons land, ons vryheid, ons mans en kinders. Ek wil nie daaraan dink nie, dit is te veel!

Die kinders sing die volkslied en loop met die Vierkleur. Arme goed, hulle het in hul opgewondenheid 'n stuk van die Engelse vlag wat 'n vrou aan haar tentpaal gehad het, afgeruk en vertrap. Sal daar ooit iets soos 'n vrye volk van ons word? Ek voel so diep ellendig.

Die kinders sterwe in groot getalle, vandag alweer twee aan die gewone kampsiekte – ook die kleintjie van Miemie Lombaard, gelukkig miskien. Rachel en ek het tog ons bes gedoen om haar te behou.

As 'n lekkerny het 'n deel van ons vandag ,,corned beef" gekry. Aan die drade te oordeel, lyk dit wel of dit van een of ander dier uit die voorwêreld moet wees, miskien iets uit die ark.

3.1.02

Rachel is terug uit Durban en het twee ou rottangstoele saamgebring wat ons nog wel kan help om ons gevangenis of sel gemaklik te maak.

8.1.02

Gisteraand het tante Chris Wilden met een van haar

dogters siek geword – alle tekens van vergiftiging.
Later het haar ander kinders ook hewig pyn op die
maag, hulle is benoud en het iets soos senuweetrekkings.
Die dokter is geroep, maar het laat weet dat
hulle tot vanmôre kon wag. Daar is geen gevaar nie,
het hy gesê! Natuurlik! Later blyk dit dat sy en die
dogter vleis geëet het en dat die ander kinders
later ook van dieselfde vleis geëet het. Nou ja, wat sal
ons sê? Ons is ook nie hier vir ons gesondheid nie.
Verlede nag is hier drie kindertjies gebore: 'n tweeling
van mevrou Zwarts, 'n vrou uit Krugersdorp –
ook die eerste buite-egtelike kinders waarvan ek weet.
Vanmôre om nege-uur moes al die mans in die kamp
kantoor toe kom. Om nege-uur was daar dan ook 'n
hele kommando stokkiesdraers teenwoordig [tot selfs
die twee predikante]. Toe die geroktes en geskoktes
dink dat daar nou iets heel gewigtigs aan die gang is,
word daar 'n Kaffer in die kring gebring wat deur al
die helde goed bekyk moes word: hy het 'n litteken
aan sy arm en een op sy kop. Nadat die bevel uitgevoer
was, word vir hulle gesê dat, as een van hulle of
almal tesame of 'n deel van hulle genoemde Kaffer in
die nabyheid van een van die tente sien, hulle hom
moet vang en na die kommandant bring, en in geval
van verset het hulle die reg om hom te skiet. 'n Vrou
wat die grappige toneel aanskou het, vra toe: ,,Kommandant
– waarmee?''

9.1.02
Die krygsgevangenes wat in Ladysmith was, is nou in
Durban. Vroue wat 'n man of seuns onder hulle het,
kan daarheen gaan. Dié wat uit ons kamp daarheen

was, sê dat ons mense daar heel goed uitsien en die hoop op beter dae nog nie opgee nie. Van broer Piet Uys het ons nog niks gehoor nie.

10.1.02
Vanmôre is met 'n hele boel vertoon vir ons vertel dat daar 'n badhuis met agt kamers gereed is. Hoe edel! Ons sit al tien maande daarsonder, en nou kry ons eindelik 'n hok, van bo oop en van onder 'n lattevloer waar die wind met geweld deur blaas. Nou, ons genadige vyande doen natuurlik alles om die smerige boerevroue 'n kans te gee om hulle skoon te hou en hulle sommer die bietjie gesondheid wat hulle oorhet, te ontneem.

14.1.02
Uit Krugersdorp het vroue in oop trokke aangekom.

15.1.02
Vroue uit Klerksdorp.
Vanmiddag het ons 'n brief van suster Annie uit Balmoral-kamp ontvang. 'n Paar dae gelede het daar by hulle 'n vrou plotseling dood neergeval, dit is die vierde geval in die kamp. Die laaste was besig om bossies te pluk vir spinasie. Gek. Die kos wat sy gekry het, was seker van die beste.

16.1.02
Johanna Sluiter is hier om te kyk of sy êrens kan help om die naakte vroue en kinders wat onder Albion se vleuels is, te dek. Hoe vreemd dat sy so 'n ruim arbeidsveld gevind het! Engeland is tog so mild, so

Christelik, haar beskaafde oog kan tog geen naaktheid sien nie!

20.1.02
Daantjie Lombard is dood – nou die sesde dode uit die tent, almal kinders en kleinkinders van mevrou Piek. Sy het nou hier en in Standerton tien verloor. Honger is, helaas, nie die geringste oorsaak nie.

21.1.02
Dit is my kind Karel se verjaardag. Ek moet, glo ek, dankbaar wees dat hy nog nie soos duisende van sy leeftyd geroep is om vir Engeland se hebsug met sy lewe te betaal nie. Maar wat die lewe in latere tyd vir hom sal wees onder die vervloekte juk, kan ek nie aan dink nie. Alles is so treurig wat ons van ons burgers te hore kry. Hulle sê daar is geen hoop nie, en tog klou ek soos 'n rasende aan die hoop vas. Alleen die gedagte dat alles, alles verniet is, my kind, my enigste 'n slaaf sal word saam met soveel duisende wat dood en ellende trotseer om vry te bly, is om van gek te word. Dan is die dood verkiesliker. Suster Rachel sê dat ek vir laster moet oppas. Daar is oomblikke dat die gruwelikste marteling vir my nie te veel sou wees, as ek kon weet dat die vuil Engelse beskaamd [as daar vir hulle so iets bestaan] sou moes teruggaan nie.

22.1.02
Vanmiddag is ek doodmoeg en tot in my siel toe verbitterd, dit was ontvangdag: brood, vleis en hout. Verlede week is al die koslysies of tickets hernieu. Ons sal nou in plaas van 70 pond hout per week 140

pond kry. Die vrouens met kinders onder 12 jaar moes nog steeds hout in die bos gaan haal. Wel ja, nou sou hulle tog genoeg kry. Maar, o wee, toe ons dit kry, is dit minder as gewoonlik. Daar is nie genoeg hout nie, verduidelik hulle.

Wat so 'n ontvangdag is, weet elkeen wat daarmee te doen gehad het. Dis muilwaens met hout agter en surrenderburgers met stokkies voor, met 'n ruimte van sowat vyf voet daartussen vir die vroue om te staan om hul blokke weg te sleep of te dra, al na gelang hul kragte is, in 'n vloer van dryfsand van 'n halwe voet dik onder 'n brandende middagson. Ou afgeleefde moeders wat hul laaste kind of kleinkind na die graf moes bring; jong kinders wat geen moeder meer het nie, staan gedwee te wag om 'n brokkie hout te kry asof dit 'n verlossingstaf is.

Mag die Hemel ons [veral my] al die sondes uit genade vergewe wat op so 'n dag gedoen word. As ek so uitgeput en afgemat voel, hoe in vredesnaam moet die ou moeders dit dra? Sou dit sonde wees om van harte te verlang om eenmaal ook Engeland se vroue en kinders so te sien? Ons kommandant het sy gedienstiges rondgestuur om 'n elk en 'n ieder wat een of ander grief het, te laat weet dat die goewerneur van Natal hier sal wees om hulle aan te hoor en dit uit genade in oorweging te neem. Ek het sowaar nie geweet dat sy hoogheid hom met sulke nietighede bemoei nie. Geen wonder nie – dit verg 'n helderder kop as myne om die neerbuigende goedheid van 'n Engelse gentleman te begryp. Nou ja, 'n paar vroue het hulle dan ook gehaas om 'n keer hul hart op te haal, soos 'n mens sê.

Klag nr. een: Nat kamers waarvan hulle en hul kinders siek word. Antwoord: Of daar dan nie genoeg hospitale is nie en wel, of hulle dan moet leeg staan. Nr. twee: Die hout dra is te swaar; daar moet iets anders bedink word. Antwoord: Moet sy eksellensie dan volgens hul mening die hout op sy rug na hul kamers dra?
Ongelukkig het een van die vroue gemeen dat hy dit seker met minder moeite sou dra as menigeen van ons – en sy het die fout begaan om dit hardop te dink. Vir die onbeskaamdheid kry sy dan ook 'n heel Christelike vermaning en 'n edelmoedige versoek aan almal om dadelik die kantoor te ontruim of anders deur die polisie daaruit gesit te word. Nou kom van die oorweging seker nie veel nie, helaas! Of was die sogenaamde eksellensie miskien niks meer of minder as 'n Jan Rap uit Durban wat op plesier uit was nie? Wel moontlik!

23.1.02
Die koerante is vol van nuus oor 'n slag wat op 5 Januarie naby Spitskop, Ermelo, plaasgevind het, onder andere dat 'n menigte goed in 'n grot aldaar gevind is. Dit behoort, so word gesê, aan genl. Tobias Smuts en moet van baie waarde wees. Waar die waarde nou inkom, sê hulle nie; of 'n paar familieportrette, een of ander stuk huisraad, kissie of doos van 'n grootvader of moeder van 'n boer nou ook al vir die magtige Brit van waarde is en of so iets van waarde is omdat dit *buit* is, sê die beriggewer nie – ook nie of dit as kontrabande tot so 'n hoë waarde gestyg het nie. Ons weet wel hoe gelukkig die surren-

derburgers is wanneer hulle so 'n aas raakgeloop het,
sowel vir hulself as om iets te hê om aan die *offisier* of
kommandant [soos hulle gewoond is om een of ander
mindere of laagste baantjiesbekleder te noem] in die
geheim te kan vertel. Goed, mag dit hulle toekom.
Namiddag. Uit Volksrust het ons tyding dat daar na-
vraag na Hilletje* gedoen is. Dit het iets met oorlede
Hendrik Bührmann te doen; wat, is nie gesê nie.

24.1.02
Adriaan Bührmann is op Volksrust oorlede – aan die
wonde wat hy in 'n geveg op Nooitgedacht, Ermelo
opgedoen het, sê hulle. Dit skyn asof die Engelse
dokters nie erg gelukkig is wanneer dit gewonde
boere betref nie. Arme Hilletje! En hier moet die
stille slagveld ook sy offers hê.

30.1.02
Die laaste vier dae was hulle besig om die vroue uit
die tente na die sinkkamers oor te bring, ook op
beskaafde Engelse manier. 'n Vrou kry 'n bevel van
'n heel vername persoon wat deur die kommandant
gestuur is om, sê, presies twee-uur haar bondeltjie
buitekant die tent te hê, of boete te kry as die bevel
nie stip nagekom word nie, en dit bly net daar lê tot
die volgende môre. Gewoonlik bring die eienares
haar bondeltjie teen slaaptyd weer binnetoe om die
volgende dag die nuwe lied van voor af aan te begin.
So is 'n vrou hier in die tweede tent van ons s'n al drie

* Hilletje Smuts ['n suster], getroud met Hendrik Bührmann.
Sy het twee seuns, Hendrik en Adriaan, op die slagveld
verloor.

dae aan die uittrek. Is sy dan goed en wel op pad, word haar goed by die eerste ry huise ['n huis bestaan uit ses kamers, almal van sink, met buitedeure] in 'n diep, breë sloot afgesmyt, en dan kan die boerevrou sien hoe sy dit in die sogenaamde kamer kry.

Adriaan Bührmann is op Onverwacht gewond, nie op Nooitgedacht nie, en is op 18 Januarie op Charlestown oorlede.

31.1.02

Verlede nag het ek in 'n droom so te doen gehad met 'n kind wat moet sterwe dat ek vanmôre glad nie lekker voel nie, en noudat ek dit in my sogenaamde dagboek wil skrywe, sien ek dat daar 'n groot fout uit sufheid of nalatigheid gemaak is.

Op 26 Januarie is Johanna Bührmann se dogtertjie deur ds. Van Belkum alhier gedoop. Die kleintjie is in markiestent 17, op Standerton, altoos ons kind genoem. Veral suster Rachel het in haar 'n hele troostertjie gehad. Johanna het van Durban gekom; daar is glo nie 'n Hollandse kerk nie. Goed ook, nou was sy tog hier. Op die 29ste was suster Johanna na Durban om oom Stefanus Scheepers te sien wat as krygsgevangene op weg na Indië is.

Gek dat ek dié dinge wat tog hier vir ons van soveel belang is, kon vergeet. Nou ja, ek is ook 'n armsalige skryfster.

Februarie 1902

1.2.02

Herman Sluiter en Johanna was vanoggend hier met 'n Duitse skeepskaptein. Laasgenoemde wou graag so een en ander van die refugeekampe sien – iets fraais! Maar wie weet – miskien kan hy daarby baat. As Duitsland in die geleentheid kom om klein republiekies aan te val, sal dit jammer wees om die kostelike Engelse planne nie na te volg nie. Wie van die groot moondhede sou die naam wil dra om vroue en kinders te vermoor en skiet? Hoe barbaars om selfs so iets te dink! Dit is heeltemal iets anders om hier met 'n heel weinig te min kos, 'n bietjie vitrioel of so iets die boeletjie op te ruim. Dit is juis ons beurt om uit die tent na die kamer te verhuis. Nou kan die Duitse here sien hoe goed dit met ons gaan: Suster Rachel sien daar tien jaar ouer uit as agt maande gelede; ek is o so moeg.

2.2.02

Ons eerste Sondag in die sinkhok – tog beter en stiller as in die markiestent, waar ons eers met sestig, later dertig en hier op Merebank met nege ander saamgewoon het. Suster Rachel en ek het saam 'n kamer. Ons was al aan ons medemarkiesbewoners gewoond. Ek glo dat ons hulle al liefgekry het. Hulle het ons in Standerton, toe ons op 'n sandhoop gesit het, liefderyk in hul reeds propvol tent opgeneem. In al die tyd het ons nooit enige ongenoeë gehad nie, maar tog is die gevoel om alleen in 'n kamer te woon, weer aangenaam. Ons bure is vir ons vreemd; wie weet watter goeie vriende ons nog sal word? Oor die algemeen kom die vroue baie goed met mekaar oor die weg. 'n Mens hoor nooit van kyf- of vegpartye nie. Ek het gehoor dat vroue oor die algemeen nie met mekaar kan klaarkom sonder kyfery nie; dit, sien ek nou, is ten minste nie op boerevroue van toepassing nie. Hier word hoog, laag, ryk, arm, goed, sleg, mooi en lelik uit alle hoeke van die twee republieke, vroue in die grootste ellende en ontbering, hulpeloos op 'n hoop gesmyt. Juis terwyl ek skryf, stoom hier weer 'n trein die stasie binne. Arme, beklaenswaardige mense! En tog doen elkeen van hulle haar bes om hul eie en mekaar se lot soveel moontlik te versag.

3.2.02
Hier word vertel dat Frans Joubert, Willie Steenkamp en Stef Grobler gesneuwel het; ander sê gewond. Mag dit maar 'n misverstand wees. Al die onsekerheid word hoe langer hoe ondraagliker.

4.2.02
Vroue uit Volksrust en Krugersdorp het aangekom.

5.2.02
Vroue in kaal trokke is uit Krugersdorp gebring.

6.2.02
Alweer 'n trein met vroue uit Potchefstroom en Mooirivier. Hulle het van komberse, rokke en doeke

op paaltjies en stokke 'n dak bo hul koppe, of liewer,
bo hul kinders gemaak.

8.2.02
Ek gaan Durban toe om te sien of ek Adriaan Smuts
[broerskind], wat glo daar is, kan sien om van hom
iets van ons familie te hoor.

11.2.02
Adriaan is die 19de gevang en is al na Indië. Oswald
Doyer, wat die 23ste gevange geneem is, het ek op
die S.S. Tagus gesien met nog ander van ons burgers.
Ons – tant Lettie Steenkamp, Jettie Sluiter en ek –
het verlof gekry om, nadat ons een of twee name op-
gegee het van die gevangenes wat ons wou sien, een
uur met hulle te praat. Nadat hulle alles heel beleef,
heel streng, heel op die minuut, heel op sy Engels,
aan ons duidelik gemaak het, moes ons 'n hele uur
wag voordat dit die juiste uur was dat ons op dek kon
gaan. Onderwyl staan die burgers, bekend en onbe-
kend, oor die leuning te kyk en vra of ons nie van dié
of dié weet nie. Sodoende was ons heeltemal teen die
reëls heeltemal onbeskaaf aan die praat, toe 'n heel
mensliewend nougesette Engelse kaptein ons baie be-
leef [natuurlik] kom waarsku dat ons die pratery
moet laat staan of anders ons reg om aan dek te gaan,
sou verbeur. Wel, eindelik was die so gewenste uur
daar en kon ons 'n paar van die burgers sien, natuur-
lik altoos onder streng toesig van 'n gewapende wag,
maar ons kon tog 'n hele uur praat.
Ek is so bly dat ek Oswald Doyer gesien het, maar ek
voel so, o so mismoedig. Ons burgers word die een na

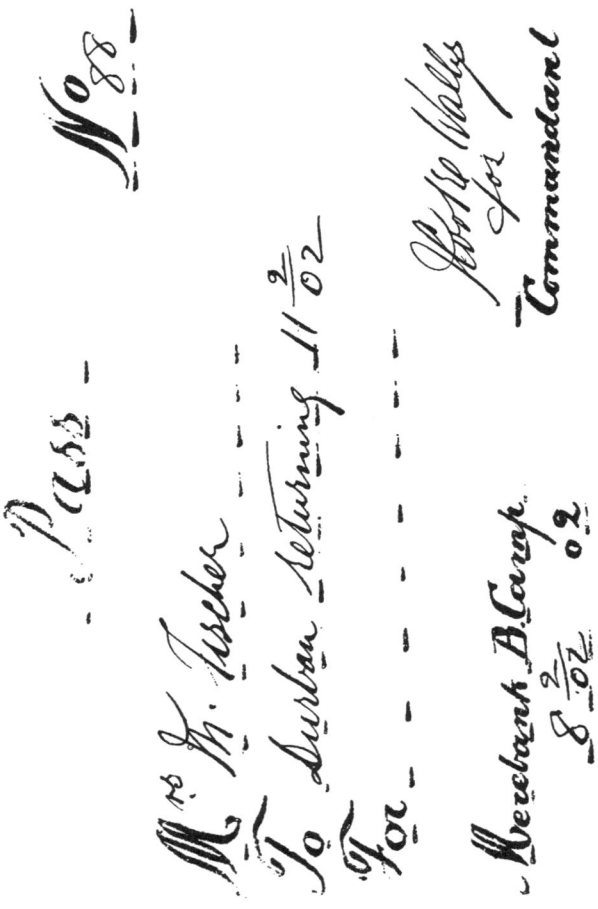

Pas vir 'n besoek aan Durban.

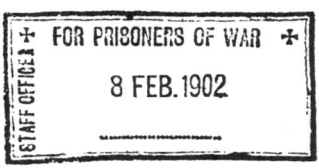

*Mrs Fischer & Mrs Slaiter
& Mrs Steenkamp have
permission to visit
prisoners of war on S.S.
Tagus, from 1.45 to 2.45 p.
Tomorrow 9th inst.*

*C. C. Bickhull Lieut
for I.O.P. hutd*

*8.2.02.
Wij ware zoo bly
O zoo blij om
hun te gaan zien*

jos

Pas vir 'n besoek aan burger-gevangenes op die S.S. Tagus, waarop mev. Fischer later geskryf het: ,,Wij ware zoo bly, o zoo bly om hun te gaan zien."

die ander gevang, en alles lyk so hopeloos. Wat moet van ons saak, waarvoor so nameloos veel gegee is, word?

Gister toe ek in Durban was, het Herman en Jettie my een en ander wat besienswaardig is van die stad, laat sien. Die namiddag was ons na die breekwater, waar Felix Coetzee soos 'n gewone bandiet moes werk omdat hy geprobeer het om te ontvlug. Daar het ek gevoel wat die genot van 'n moordenaar is as hy koel en onverskillig 'n moord begaan. As my seun daar so moes werk, nadat hy soos 'n man sy plig vir land en volk gedoen het, sou ek nie sy vyand, die Engelsman, s'n nie, maar die lae verraaier wat die oorsaak van sy ellende was, se nek met ware genot kon breek. Kyk, nou is ek onchristelik. 'n Wonder! Ek is al so lank onder die mees Christelike nasie, en nog so barbaars? Ek was ook aan boord van die ,,Generaal", die skip waarmee Herman Sluiter met sy dogters in beter dae 'n reis na Europa gemaak het. Dit is mooi vir my wat nog nooit 'n skip gesien het nie, bewonderenswaardig, maar die ellendige gevoel waarvoor ek eintlik **g**een naam weet nie, is en bly my oral by.

Ek hoor dat Jan en Willem Steenkamp, hul oom Lodewyk de Jager, sy seun Gert, Jan Meyer en nog ander gevange geneem is. Lief om sulke nefies te hê . . .

12.2.02

Vroue uit Volksrust en van ander plekke aangekom. Die kondukteurs het vir die kommandant gaan sê dat die vroue al 50 uur in die trokke sit en seker erg vermoeid is, waarop hy antwoord dat daar al was wat

92 uur in trokke gesit het. Nou ja, asof dit nog nie mooi genoeg is nie, sal ons miskien nou nog na die Tukkerseiland moet gaan of soos Felix Coetzee op die breekwater moet gaan werk, maar ons móéd uitpomp – dít kan hulle nie!

16.2.02
Al die vroue uit kamp 2 [soos die helfte van ons kamp wat oorkant die lopies of moddersloot staan, genoem word] moet hul hout hier by die stasie kom haal. Dit spreek vanself dat dit vir hulle onmoontlik is om die blokke so ver te dra. Dus sal ons liewe Bousfieldjie wel verplig wees om in hierdie geval voorsiening te maak.
Namiddag. Jettie Sluiter is hier met 'n bietjie goed wat uit Holland vir die behoeftiges gestuur is. As daar nie uit sulke bronne hulp kom nie, sal hier wel al meer as een in Evaskostuum rondgewandel het. Nie dat ons edele beskermers onoplettend is, of geen oop hart en oë vir die behoeftes van hul refugees het nie, og nee wat – hier staan twee badhuise, elk van nege kamers, ses vir vroue en drie vir mans, tesame ses vir mans en o, hoe groots, twaalf vir vroue – genoeg tog. Vir sulke rojaliteit moet selfs die grootste verkwister sy hoed afhaal, maar, helaas, een klein foutjie, net soos by die ander genadegifte: *geen water*. Na vyf maande se wag het die smerige vroue en kinders dan 'n badhuis en 'n ,,I am sorry, but tomorrow" of ,,next week" om lustig in rond te plas en 'n ,,I can't help it" in plaas van seep. Aan gerief ontbreek dit dus nie. Die meeste van die families wat deur die tommies of offisiere geplunder is en behalwe die paar stukkies

wat hulle vergun is om aan hul lywe te hou, niks oorgehad het nie, hoef hulle nie eens uit te trek nie. Dit is tog te begryp dat die rokke nie so onslytbaar is nie en ook nie meer so baie hake en knope besit nie – dus heel gerieflik. Om meisies van sestien en daarbo kaalvoet te sien, is niks nuuts nie. Baie vroue dra wat weleer 'n skoen genoem is, maar nou geen selfstandige naam meer het nie.

Nou, dit sal ook al veel gevra gewees het om te verwag dat lord Kitchener, met al sy liefdadigheidswerk soos die wegvoer van vroue, die afbrand van huise, die meng van meel en suiker met vitrioel, maagpoeier, ens. – sy lordskap weet alleen met wat alles – nog die Paryse modeboeke moet deursnuffel om te sien dat die Evaskleed van voor die sondeval in ons dae geheel uit die mode is.

17.2.02
Baie warm.

19.2.02
Die man Le Roux, wie se vrou gewond en 'n kind van 10 jaar doodgeskiet is toe ons weggevoer is, het gesurrender soos die vuilgoed dit noem. Nou sal die vrou die verklaring waarvoor haar toe £500 [Engelse munt] ,,tomorrow" of ,,next week" aangebied is, wel gee.
Suster Hilletje, Annie en Cato Fischer kom ook hierheen uit die Balmoralkamp. Suster Rachel en ek het 'n voetval by die kommandant gedoen om hulle hier in Merebank te kry, maar ek glo nie dat daar iets van sal kom nie. Sy Edele sal dit welwillend in oorweging

neem – dit kan moontlik vir hulle, ons, iemand of 'n ieder skadelik bevind word.

Vanmiddag het ons vir die verandering hele blackwoodstompe gekry – joos weet hoe om dit stukkend te kry.

20.2.02
Om elfuur bring 'n kind vir my 'n briefie van Annie Smuts. Sy en Hilletje is in die trein op die stasie. Met die grootste haas hardloop ons daarnatoe, maar ag, hulle was alweer weg na Jacobs. Hier was glo nie meer kamers nie. Arme Lucie! Haar ma was hier en het haar tog nie gesien nie – en nogal Annie se verjaardag!

21.2.02
Warm en stil. Ons buurvrou is besig om haar kind of kinders [suster Rachel sê sy het twaalf, na die geraas te oordeel, maar daar is maar altesaam twee: Frits en Hester] af te ransel. Die vrou sê sulke snaakse goed dat Lucie en Racheltjie nogal pret daarvan maak, byvoorbeeld: ,,Hester, ek pluk jou laaste wolhaar uit op een of twee na,'' ,,Frits, ek slaat jou netnou met die hamer of met die byl of met altwee.'' Lucie het tot nou toe nie geweet dat al dié as 'n plak gebruik kan word nie. Gister was dit: ,,Hester, wat staan jy te skreeu soos 'n hond wat die baas van weg is!'' Ons kamers is met een sinkplaat afgeskort. Gek hoe die boel hier deurmekaargeskommel is. In die een kamer 'n buurvrou soos ons s'n uit die agterstraatjies van Johannesburg, in die ander mevrou dominee So-of-so, daarlangs 'n paar ek-weet-nie-wie uit die groot stede,

maar seker geen wenslikes nie, met al die kleure van
die reënboog aan hul lyf, en dan weer 'n egte boere-
familie uit die Moot, wat niks anders as 'n swart
merinorok en kappie met 'n fyn gepluisde strokie
daaroor dra nie. En tog gaan dit hier heel goed; geen
kyfery, of soos 'n mens sê, bakleiery nie.

22.2.02
Alweer 'n teleurstelling. Lucie wil o so graag na haar
ma, vir wie sy agt maande gelede die laaste keer
gesien het, maar nou kan dit nie. Jacobs is nog nie
gereël nie, sê hulle. Wat eintlik gereël moet word,
begryp ek nie. Miskien moet daar in Jacobs geskilder,
geplak en vloere gelê word. Nou, ons sal 'n plan kry.
'n Deelnemende iemand [sy naam weet ek nie] het 'n
vrag appels aan ons Merebank-vroue gestuur, waar-
voor ons hom baie dankbaar is; dit is iets verkwik-
kends vir die arme kinders.

23.2.02
Ondraaglik warm.

24.2.02
Cato* is met die trein na Isipingo. Ek het haar 'n
oomblik op die stasie gesien. Sy het net tyd gehad om
my te sê dat Annie ons verseker by haar verwag.
Dadelik gaan ons na die kommandant om 'n permit
of pas vir Lucie en my te kry, maar weer: „I am
sorry" – Jacobs is nog te veel oorhoop. Nou ja, ons is
ook in die laaste tyd o so verwen en kan geen oor-
hoopte kamp of kamer aankyk nie – wel 'n sandhoop

* Skoonsuster, vrou van broer Adriaan Smuts.

of 'n ashoop met 'n hoop vroue-pluiings daarop, maar geen oorhooptheid nie; dit sou ons senuwees aantas. Jacobs is nog oorhoop – Merebank is heel gewoon. Net voor ons woon 'n familie Willemse uit Rustenburg. Die meisies sing die hele dag deur. Een oomblik is dit ,,Rots der Eeuwen" uit volle bors, die volgende ,,Vierperdewa" of ,,On the green grass."

25.2.02
Drukkend warm. Die hitte hier is byna ondraaglik. Dit gee 'n gevoel van namelose vermoeidheid en ontneem 'n mens alle krag. Ek sou wel wil weet of dit is omdat ons Hoëvelders is. Natal is tog 'n gesonde land. In Durban self sien die mense daar almal bleek en vaal uit.

26.2.02
Johanna Sluiter is hier met 'n hoeveelheid goed vir die behoeftiges wat uit Holland gestuur is.

27.2.02
Al die meisies en vroue wat hier private onderwys aan kinders gegee het, is aangesê om dit nie meer te doen nie. Dit sal nie meer toegelaat word nie. Seker om die sogenaamde goewermentskole wat tog uitsluitend ten behoewe van die groen geskilderde boerekinders ontstaan het, 'n kans te gee. Iemand lees onlangs in die ,,Natal Mercury" dat dit die gewoonte by die boere is om hul kinders groen te skilder, en noudat hulle gewas word, gaan hulle so dood.

28.2.02
Van vandag af moet die kinders na die, sê maar skoolgeboue. Mooi! Maar waarop die kinders moet sit, sê hulle nie. Lucie wou van die skoolganery niks weet nie. Maar iets moet die kinders doen. Ek glo sekerlik dat die gedurige hoor van dood, siekte, honger en wat al, so op hulle senuwees werk dat dit hulle die kampkoors gee of dit bevorder. Daarom, en nie omdat ek dit graag wil nie, moet sy en Karel ook daarheen. Van leer sal daar wel nie veel kom nie. Die kinders sit tot tyd en wyl daar banke kom [,,tomorrow" of ,,next week"] op die sand, wat taamlik met die noodsaaklike kakie goetertjies [luise] gepeper is. Elke onderwyser of onderwyseres het sowat 50 tot 60 barbaartjies om te beskaaf. Ons weet wel dat al die gedoe net 'n wasneus is. Dit sou tog te veel vir die fyne gevoel van ons beskermers wees om die kinderkoppe net so leeg te laat as hul magies, want wie is nou so eenvoudig om nie te verstaan dat leë koppe geen kerkhof kan vul nie, maar wel leë mae. Nou ja, die doel heilig immers die middele. En net 'n egte Engelsman is in staat om doelmatige middele te bedink en ook nog edelmoedige dade te doen. Selfs nog op vyftigjarige leeftyd is hulle nie uitgeput nie. Maar, helaas, nog nie siende nie – anders sou so 'n edelmoedige grysaard weet dat hul met bloed besmeerde dade nie met pluiings bedek kan word nie, en dat die aanbied van sulke vuil pluiings 'n tasbare bewys is van hóé goed hier deur die magtige Engeland vir sy sogenaamde refugees gesorg word. Jammer dat die mensliewende maar, buite sy skuld, kortsigtige ,,colonist" van vyftig jaar nie die moed het om ons sy

naam te gee nie. Miskien is hy nog wel 'n ou kennis wat sy besit van „wearing apparel" aan die republieke te danke het. Miskien was dit nog moontlik om hom met heel veel dank ook daarop te wys dat refugees, onses insiens, geen reg op „hatred" of „malice" het nie. Om „thankful" te wees, sou meer pas by soveel „good work". [Die skryfster verwys hier na 'n brief in The Natal Mercury deur *Colonist of 50 Years*, in die oorspronklike dagboek geplak en op bl. 92 gereproduseer. Woorde daarin waarna sy verwys, is deur haar onderstreep.]

29.2.02
Harde wind, vies en nare weer. Goed dat dit so waai, die viese sigaretlug* gee my hoofpyn. Dit is byna ongelooflik maar seker dat daar die laaste drie dae geen sterfgeval in hierdie kant van die kamp voorgekom het nie.

---

* Rookmis oor die stad.

THE NATAL MERCURY, FEBRUARY 20, 1902.

Various Voices.

Apparel for Merebank.

Sir,—An old Colonist has asked me to pen a letter with regard to he Boer refugees at Merebank Camp. As quite a crowd of people are, and will be, staying at the Beach, on the South Coast Line, and as most likely, when leaving the Beach to return to town, they have a lot of old wearing apparel, would they be kind enough to make up a bundle and address it to the Committee, Refugee Camp, Merebank ? All articles of wearing apparel, either for the adult male and female, or for children, would be most acceptable; and such deeds as this would all tend to heal any racial hatred or malice engendered through the war. The Boer and British have to live side by side in this country, and little deeds of kindness and thoughtfulness all tend to break down the barrier of separation. Any bundles of wearing apparel will be thankfully received, and distributed to the best use by the Committee at the Merebank Camp.—I am &c.,

COLONIST OF 50 YEARS.

P.S.—Anyone in town who has any wearing apparel might also help in the good work.

Maart 1902

1.3.02
Vanmiddag kom ek van die sensorkantoor ['n ronde tent] en sien 'n klomp kinders en Kaffers wat mekaar verdring voor een van die hospitaalvensters en nuuskierig na binne kyk. Toe ek nader kom, hardloop almal weg. Op my vraag wat daar te sien is, antwoord 'n kleintjie: ,,Tante kan self gaan kyk'' – wat Tante dan ook gedoen het. En wat moet ek sien? 'n Sterwende vrou wat volgens die gewoonte met 'n skerm om die bedjie afgeskort is, en voor die oop raam heeltemal nakend met die dood lê en worstel. Afskuwelik! Ek was geheel van stryk. So moet ons betrekkinge dan in die sogenaamde hospitale hul doodstryd deurmaak. Op my vraag aan een van die verpleegsters, 'n Afrikaanse meisie nogal, of daar geen ander plan te maak was nie, sê sy heel bedaard dat daar nie genoeg hulp is om met iemand wat tog klaar is, te sukkel nie. Toe ek vra of daar geen naghemp vir so iemand is nie, kry ek 'n ,,dié is te skaars'' as antwoord.

Wat moet daarvan word? Dit is treurig, maar seker, dat selfs die boerevroue en -meisies wat in die hospitaal werk, hulself en ons nie tot eer is nie. Dit is tog 'n edel en liefderyke werk. Maar, helaas, ook daar word alles gedoen om siel en liggaam te verwoes.

2.3.02
Daar word baie vertel van gevegte. Wat daarvan waar is, sal ons later moet hoor. Wát in so 'n kamp afgepraat word! Die een weet dit, die ander iets anders. Soms sien 'n mens ook gesigte en wonders. So het die vroue in die ander kamp, soos blok agt en nege genoem word [oorkantse kamp], kanonrook in hul washuise gesien en geweer- en kanonskote gehoor. Waar dít nogal vandaan sou kom?!

3.3.02
Die Engelse blaaie maak 'n groot gedoe oor 'n skitterende oorwinning naby Harrismith – agthonderd burgers dood en gevange. O!

4.3.02
Party van die vroue het, om iets te verdien, aangeneem om die wasgoed vir die dokters en verpleegsters te doen. Volgens ooreenkoms moes mevrou B. Kleinhans vir twee dokters en agt susters was teen £3 10s. per maand, haar eie seep en stysel inbegrepe. 'n Paar weke het dit goed gegaan. Maar toe kom daar 'n hoeveelheid tafellakens en servette by, en toe sy by die kommandant gaan vra, word vir haar gesê sy moet die dinge opteken en dat sy by die afrekening betaal sal word. Nou kry sy in plaas van tien persone sestien se wasgoed om te doen; ook hiervoor sou sy vergoeding kry. Na 'n maand [begin Maart] kry sy net die genoemde £3 10s. en word daar heel beleef vir haar gesê dat daar niks aan gedoen kan word nie en dat sy wel tevrede behoort te wees, aangesien daar so baie is wat nie eens oor half soveel beskik nie. Salig

om vier dae uit die ses te staan en was en stryk vir
£3 10s. En dan word by elke moontlike geleentheid
vir ons gesê om te werk om klere vir die kinders te kry.

7.3.02
Jacobs is maar nog nie mooi genoeg om ons te ontvang nie. Ons mag wel tot by die draadheining kom
en kan dan so oor en weer praat. Hilletje, Annie en
Cato sal môre hierheen kom. Lucie is nog by my en
het haar ma nog nie gesien nie. Arme ding, sy sal
vannag nie veel slaap nie, vrees ek.

8.3.02
Namiddag. Die susters was hier van 11 vm. tot 4 nm.
Wat was die dag kort; dit lyk of dit maar soveel
minute was. Die enkele dae wanneer ons vriende uit
Durban hier is, is die kortste wat ek ooit beleef het.
Sal ek ooit, wanneer ek uit hierdie verwenste nes is,
dié dae vergeet? Nou moet ek bed toe, daar kom die
„lights out". Dit reën pragtig.

9.3.02
Dit reën nog.

10.3.02
Altyddeur reën. Alles is nat en vies, maar tog koel.
Die ondraaglike hitte en stof is iets vreesliks.

11.3.02
Hier in 'n kamer sit sewe seuns van onder die agttien
wat, soos hulle sê, plan gehad het om weg te loop.
Nou moet hulle Durban toe en waarskynlik op see.

Vieruur namiddag. Die boere is met die trein uit. Nou sal ons eersdaags hoor van sewehonderd lae boere wat hul erewoord laaghartig verbreek het!
Jettie Sluiter is hier met 'n paar pakkies goed vir die behoeftiges. Dit is, as dit nie so treurig werklik was nie, byna om van te lag. Behoeftiges, sê ons hier. In 'n aller-ellendigste hok met skaars 'n teelepel vars lug! En dan gaan hulle uit om behoeftes op te neem. O, o! Hier word vertel dat daar êrens by Klipstapel 'n geveg was waar ons burgers 'n paar kanonne sou afgevat het.

12.3.02
Twee van die seuns of soos die seer waarheidliewende Engelse koerantjies sal sê: twee burgers van 18 en 20, is na Indië gestuur. Die ander vyf is terug. O, hoe lief!
Namiddag. Suster Rachel was na Jacobs, maar is nie toegelaat om in die kamp te gaan nie. Wel kon twintig of dertig vroue oor die spoor [wat vlak by die kamp is] kom en net so lank as die hitte hulle toelaat, daar met haar sit en praat, maar hulle moes die reëls van orde en wet nie aantas nie. Moet 'n mens nou nog 'n duideliker bewys van laaghartige treitering soek? Om veral alles te doen wat kleingeestig en laf is, kan hulle dan ook moeilik geskikter persone as die edele surrenders kry. Die held van Jacobs is ene meneer Drake, ook 'n vroeëre inwoner van Ermelo.

13.3.02
Daar is weer 'n praatjie van 'n slag by Platrand, Standerton. Wat is waarheid? Wat is waarheid?

Hoeveel maal vlieg die woorde nie deur my hoof nie,
dan die gevoel van magteloosheid!

14.3.02
Vanmiddag kom Jettie en Johanna Sluiter weer met
'n klompie pakkies. Die twee doen baie om die ellende
tog effens te versag. Hoe dankbaar behoort ons nie te
wees dat daar nog elders mense is wat aan ons dink
nie. As die geleentheid miskien eendag kom om iets
terug te betaal aan Holland of Duitsland, wat sal ons
as Afrikaners – indien daar dan nog so iets soos 'n
Afrikaner bestaan – dan doen? God verhoed dat ons
ooit vergeet dat duisende nakende kleintjies uit
Hollandse en Duitse beurse geklee is.
Ek het 'n ellendige gevoel: ek is die een oomblik boos,
die volgende verdrietig, dan oorval 'n moordlus my,
en dan weer iets asof daar 'n nat sak oor my kop
getrek is. Waarom kan ek my tog nie in my lot skik
nie? Ek voel soms jaloers as ek sien hoe ander na die
[maak-of-jy-nie-sien-nie] stelsel gaan, of sou dit by
hulle ook maar net uiterlik wees? Ek glo dat dit meer
as ooit hier die geval is. Vandag is ek dertien jaar
getroud. In plaas van by my man en tuis te wees, sit
ek hier in 'n aaklige vrouegevangenis en altyd daardie
hoe? wat! waar? wanneer? O, dit is dus wat gevange-
nis beteken; nie die lawwe hopbrood, min kos of die
kleinsieligheid van die vangers nie, nee, maar hierdie
niks weet nie! Miskien is ek al lank nie meer 'n getrou-
de vrou nie, my kind al 'n wees – nee, weg met alles,
dit kán nie en sál nie!

15.3.02
Karel en Lucie is saam met kennisse van ons see toe.

16.3.02
Wat 'n rus. Die laaste dae hoor ons nie veel van sterfgevalle nie. Die dood skyn 'n weinig te rus. Ek het 'n vrou hoor sê dat dit seker nou met ons saak sleg gaan – daarom mog ons lewe. Sou dit moontlik wees?

17.3.02
Suster Rachel en Kotie de Klerk, 'n vriendin van ons, is na Durban. Ek is bly dat daar nog 'n kans is om 'n daggie uit te kom. Suster Rachel kan dié lewe nie goed dra nie, sy word elke dag kleiner en swakker; tog voel ek so oortuig dat ons met die kinders weer huis toe sal gaan dat ek nie werklik onrustig daaroor voel nie. Dan kom daar weer oomblikke dat die hele kamp vir my te klein word, waarom sou ons soveel gelukkiger wees as ander?
Namiddag. Cato is hier by my. Jacobs-kamp is nog steeds nie netjies genoeg vir toegang nie.

18.3.02
Racheltjie, Lucie en Karel het vas besluit om nie meer skool toe te gaan nie, omdat hulle daar tog niks leer nie. Vandag het hulle van 8 vm. tot 1 nm. twee optelsommetjies gedoen. Nou ja, ek het wel geweet dat die hele skool en skoolganery niks anders as vertoon en nog wel Engelse vertoon is nie. Die hele fraaiigheid was maar om aan die wêreld te toon hoe goed en lief ons Engelse base vir die vuil boerekinder-

tjies sorg, maar ek het gedink dat dit tog beter vir Karel is om daar te sit as om in die kamp rond te drentel. Maar nou mag hy en ook die meisies maar tuis bly.

19.3.02
Dit reën pragtig. Suster Rachel is terug uit Durban. Die vroue het bevel gekry om drie vroue uit Blok 2 en drie uit Blok 3 te kies om 'n hoeveelheid klerasie wat uit Duitsland vir die kampe gekom het, uit te deel. Ek het die *eer* om een van die drie uit Blok 2 te wees. Dit is, helaas, 'n ondankbare werk, en tog, o so nodig. Daar is altoos een of ander wat voel dat sy te kort gedoen is.

20.3.02
Dit reën nog. Ons het in plaas van die helfte van die hout wat ons volgens ons tickets moes kry, 'n kwart gekry – geen kleinigheid vir die vroue met groot families of liewer met klein kindertjies nie; hulle kry nou byna niks.

21.3.02
Harde wind – namiddag koud.

22.3.02
In die namiddag het 'n harde, koue wind gewaai. Vieruur vanmiddag kom die ou heer L. de Jager [oom Lodewyk], vroeër lid van die Eerste Volksraad, hier in die kamp aan, nadat hy byna twee maande op see gevange gehou was. Hy sien daar oud en vervalle uit. Hy is in Januarie gevange geneem. Nou mag hy

by sy dogter bly en sal hy, sover omstandighede dit toelaat, wel effens aansterk.
Namiddag. Koue wind waai en reën sak uit.

23.3.02
Steeds sagte, aanhoudende reën . . .

24.3.02
In vandag se ,,Natal Mercury" staan dat ons visepresident Burger en vier lede van die Volksraad na Pretoria is, om met president Steyn in kommunikasie te probeer kom.

25.3.02
O, hoeveel gepraat en ook gekheid word oor 'n spoedige vrede, oor huis toe gaan en wat nie al gemaak nie. Hoe meer ek daarvan hoor, hoe beklemmender word my hart. Die burgers kom daagliks in om wapens neer te lê, ander word gevang of doodgeskiet. Alles is donker en angswekkend. Hier word al vertel dat genl. Burger 'n onvoorwaardelike vrede gesluit het. God behoed ons, aan so iets kan ek nie dink nie. Al moet ons nog een of meer jare hier hout en water dra, daar word tog nie of heel weinig gekla. Die vroue doen hul bes om alles opgewek en rustig te dra.
Namiddag. Donder en reën.

26.3.02
Die vroue wat kinders onder 12 jaar oud het, wil 'n petisie aan kommandant Bousfield rig om meer kos. Gek om daar iets goeds van te verwag. As daar enige

nadeel vir die kinders uit te haal is, sal dit wel in aanmerking kom – een rede waarom ek teen sulke memories is en ook nie daarop wil teken nie.
Namiddag. In die namiddag was ek besig om op hoë bevel die behoeftes op te neem.

27.3.02
Om vyfuur was ons in die skoolgebou om van sy Edele, die kommandant, die voorwaardes en reëls te hoor waaronder iemand op hulp geregtig is. Daar is vir ons gesê dat die Engelse goewerment in die grootste nooddruf wens te voorsien en dat ons so 'n neerbuigende goedheid heel hoog behoort te waardeer en dat daar selfs kommetjies en borde te kry is. Mooi! Maar wag 'n bietjie: ons moet darem nie te happig wees nie en wel in konsiderasie neem dat waar bv. 'n melkblikkie gebruik kan word, ons geen kommetjie moet gee nie, en ons moet nie vergeet dat baie al lank blikkies moet gebruik en dit verder ook nog sal moet doen nie. Ek het byna onweerstaanbaar lus gekry om die ellendeling uit Pretoria te vra of daar êrens in die twee republieke nog 'n blikkie te kry sal wees nadat die grote Engelse generaals, vir wie die neem van messe, vurke, horlosies en ander private goedjies 'n hele eer skyn te wees, aan die stroop was. Ek sien hulle nog, die netjies geklede militêre, met strepies op pet en arms, op ons ashope grawe en al die vuilgoed in die lug gooi om te sien of daar vir hulle of hul agtergeblewenes nie iets te kry is nie. Ag, wat doen ek nou weer?
Wel, die hoeveelheid klerasie is skaars voldoende vir die helfte van 'n blok.

28.3.02
Al die winkeltjies en kantoortjies is gesluit. 'n Feesdag, sê hulle, maar niemand sien daar erg feestelik uit nie, almal lyk bedruk en beklem, en die vraag: Wat gaan gebeur? skyn almal besig te hou. Die sogenaamde strate, openinge tussen die huise, word gevee en gehark, die vroue het bevel gekry om hul kamers netjies te maak, want daar sou 'n hoë persoon kom. Heel lief! Kamers met niks as 'n paar melkkissies, 'n paar stukkies komberse, ens. kan nogal netjies gemaak word.

29.3.02
Die meneer Mackkalm – van watter hoë afkoms, reputasie of heldery, weet joos – is hier. Gister is hy verhinder om al die fraaiigheid te kom sien. Nou gaan dit in reëlmatige mars die straatjie by die was- en badhuis langs, dan is alles ,,allright'' – ,,allright'' vir die vuil *boere-refugees*.
Namiddag. Suster Hilletje en Annie het uit Jacobs gekom, maar mag nie in Merebank kom nie, omdat hul pas een of meer jotas en tittels kortkom. Toe gaan ons maar rustig langs die draad by hulle sit. Om vyfuur namiddag kon ons 'n entjie met hulle saamgaan. Ons het Hilletje kwaad gemaak deur vir haar te sê dat Merebank vandag te skoon is vir sulke lae besoek, nog te meer noudat die *heel hoë* meneer hier was.

30.3.02
In die voormiddag 'n kort diens deur ds. Van Belkum; in die namiddag deur ds. Enslin.

31.3.02
O tye, o sedes! 'n Paar van die meer bevoorregte vroue het 'n plan om, gehelp deur die surrenderburgers, hier sport te hê – vir die kinders, sê hulle. Net enkele dae gelede het hulle in 'n petisie om meer kos vir dieselfde kinders aangevra! Nou het hulle alweer genoeg krag om hoog te spring, te hardloop, tou te trek; selfs vroue en meisies gaan aan die pret deelneem. Wat is die mens tog veranderlik.

Oor die algemeen is die meeste vroue bedruk en neerslagtig; tog wil hulle geen geloof heg aan 'n nadelige vrede nie. Vandaar miskien die lus tot sport. Ons toestand is seker nie so rooskleurig nie, sekerlik het ons mans nie lus om pret te maak nie; dié aardigheid sal weer aan ons vyande die geleentheid gee om die nadelige sy van die kampbestaan goed te maak. Natuurlik sal die kiekies wat daarvan geneem word, die wêreld ingaan om die geselligheid en vryheid van die kampbestaan, van al die vroue te bewys. Jammer dat selfs vroue wat beter weet, dit nie wil insien nie. Of sou my opvatting te dopperagtig wees? Moontlik! Vandag was ons, die sogenaamde kommissie, besig om die beskikbare goed uit te deel. Ons is met ons ses vir blok 2 en 3. Aangesien die goed van die Engelse goewerment kom, is dit nie toegestaan om lakens en slope te gee nie; net wat tot bedekking van die liggaam dien, word in uiterste gevalle gegee. Hoe beddens – of wat daarvoor dien – skoon moet bly sonder slope en lakens, word nie bygesê nie. Miskien sal daar êrens 'n welwillende Engelse vrou wees wat ons met goeie raad wil help.

April 1902

1.4.02
'n Nuwe maand. Wat sal dit bring?
Namiddag. Wel, die eerste dag: goeie nuus. Ek het 'n brief van Oswald Doyer van Mauritius en een uit Standerton, waarin 'n klein briefie van suster Dorie Uys ingesluit is. Sy is nog in haar huis. Hoe gelukkig ons oor die paar reëls is, kan ons arme gevangenes alleen weet. Die briefie gaan nou na broer Piet in Indië. Hy sal wel net so verwonderd opkyk as ons. Die sender het natuurlik die sensor gefop, wat ons ook sal moet doen.

2.4.02
Ons het weer klerasie uitgegee, van koppies, kommetjies of borde het ons niks gesien nie, dié is seker elders nodiger, waar blikkies kortkom. Wel het hier 'n groot voorraad Duitse goed aangekom waarmee ons eersdaags sal begin – hoop ek, bygesê.

3.4.02
Verlede nag was daar 'n geweldige storm op see met 'n geweldige geraas en gedreun. Vanmôre vroeg kom tante Dorie de Jager vra of ons al so iets gehoor het: „Dit lyk of die see vannag met kaste gegooi het," sê sy. Vanmôre was Rachel Visser met haar kinders en 'n paar ander see toe, maar hulle moes dadelik terug. 'n Golf het haar en die res met so 'n geweld teen 'n

boom geslinger dat een arme ou tante haar kappie verloor het en nog een haar rok. Verder het hulle met skrik daarvan afgekom.

4.4.02
Johanna Sluiter is hier uit Durban. Racheltjie Fischer, wat met die hulp van vriende van ons in Durban siekteverlof gehad het en 'n paar weke in Durban kon bly, is nou weer terug. Arme ding! Sy kan, soos honderde meer, die soort lewe nie dra nie. *Namiddag*. So pas het tante Dorie de Jager berig gekry dat haar seun en skoonseun gesneuwel het. Geen besonderhede word vermeld nie.

5.4.02
Wat 'n pragtige besending Duitse goed! 'n Groot rol linne, flanelet, 'n paar rolle sis, 'n pragtige rol donkergroen lakenlinne, byna te mooi vir ons sinkhokke.
Suster Rachel en ek val – goddank! – nie onder die heel behoeftiges nie, maar van die groen lakenlinne sou ek, o so graag 'n rok vir Lucie of Racheltjie wil hê vir die winter. Dit lyk wel of die senders ook van mening is dat kussingslope en lakens tot die hoogs nodige dinge behoort, anders waarom soveel lakenlinne? Knope, gare, naalde, vingerhoede en wat al meer is nou te kry.

6.4.02
Vandag uiteindelik 'n permit na Jacobs, nou is dit daar eindelik netjies en in orde. O foei!
Namiddag. 'n Paar seuns was met 'n leë trok aan speel

wat êrens op die spoor gestaan het. Toe die ding aan die loop gaan, wou 'n ander seun wat in die nabyheid was, die briek vasdraai, 'n polisieman het hom gepak en voor die kommandant gebring. As straf kry hy vyftien houe met 'n rottang en veertien dae harde arbeid. Wat harde arbeid hier eintlik is, weet ek nie. Die seun is Stoffel van der Merwe, 10 jaar oud, uit Carolina-distrik. 'n Paar vroue het om genade gaan smeek, maar kry ten antwoord dat dit móét om die ander af te skrik – die straf moet uitgeoefen word. Nou, die arme seun kry toe ook in die middel van die straat sy vyftien. Die beul was 'n surrender met die naam Kassie Snyman. Daar is 'n spreekwoord: „Die beste stuurlui staan aan wal", maar as dit mý kind of één van ons kennisse s'n was, sou dit nog te besien staan of meneer Kassie Snyman dié genoeë sou gehad het! 'n Paar dae gelede moes 'n Kaffer 'n paar rottanghoue kry; dit moes in 'n sinkgebou agter geslote deure gebeur.

7.4.02
Ek het by Tina van Rensburg 'n saag gekry en 'n agterdeur in ons sinkhok gemaak. Nou is dit meer gerieflik. Ons het die geluk gehad om 'n kamer in die eerste ry huise langs die spoor te kry, waardeur ons gras en bome aan die een kant het in plaas van aan alle kante sinkplate.

8.4.02
Elke dag praatjies oor vrede en vryheid.

9.4.02
Namiddag. 'n Kort preek is deur ds. D. J. Malan van Pietermaritzburg uit Efese 4 : 18, 19 gehou.

10.4.02
Wat nie alles gepraat word nie! Hulle sê dat ons vise-president na Kroonstad is om pres. Steyn daar te ontmoet. Ander vertel weer dat daar arbitrasie kom. My kop draai daarvan, ek voel so beklemd en kan die hoop tog nie prysgee nie.

11.4.02
Suster Rachel word aldag kleiner en bleker. Ek wens sy wou meer uitgaan – dit gee tog afleiding.

12.4.02
Suster Rachel, Annie van der Merwe, die kinders en ek was see toe.

13.4.02
'n Kort diens deur ds. Van Belkum. Hy het o so innig om vrede en vryheid gebid.

14.4.02
Harde wind en stof. 'n Paar van ons liewe hensoppers het al soveel vet van ons vleis gesteel dat hul vroue seep kook.

15.4.02
Lucie is met haar ma saam na Jacobs, nadat sy elf maande by ons was. En watter donker maande! Ons hoop nog dat daar tog spoedig 'n einde aan mag kom.

Racheltjie sal haar erg mis, sy is 'n harde klein patriot. Nou ja, die verantwoordelikheid vir my is nou minder; my klein Lucie is ten minste gespaar gebly.

16.4.02
Ek het die tweede ronde gemaak om behoeftes na te gaan. Wat alles tog vir tydkorting gedoen word! In 'n kamer, twee huise hiervandaan, woon 'n lang, maer ou tante uit Irene met twee kinders. Sy is van smôrens vroeg tot saans laat besig om van potklei [iets wat hier pragtig mooi is] honde, hoenders, potte, bakkies en wat al meer te maak en te verkoop, waarmee sy nogal 'n mooi paar sjielings verdien. Jammer dat die ou siel al self soos 'n stuk potklei lyk.

17.4.02
Alweer burgers gevang, so word vertel.

18.4.02
Hier gaan twee meisies rond wat uit Engeland gekom het om ons kinders te beskaaf. Hoe dankbaar behoort ons te wees! Jammer dat so baie al buite hul bereik is!
Wat nou van húlle?

19.4.02
Vanmôre het ons ons beddens 'n slag gelug. Dit begin so te lek dat ons dit elke dag behoort te doen, maar die in- en uitdraery is waarlik te veel.
Vanmiddag was ons na 'n vervalle kerkhoffie hier digby in die bos.

20.4.02
Ds. Van Belkum het 42 of 43 lidmate uit sy gemeente voorgestel.
Namiddag. By die gevangenes uit Ermelo wat in die Umbilokamp aangekom het, is swaers Doyer* en Johan Fischer. Ons wil so graag gaan om hulle te sien. Elke Vrydag mag vroue gaan om *hul* mans te sien; die afgelope drie Vrydae al is die plekke vol.

21.4.02
Racheltjie en ek het verlof om vir vier dae na Durban te gaan. Al die gerugte van vrede maak my buite myself! 'n Vrede sonder vryheid, o nee!

22.4.02
Ons is klaar om Durban toe te gaan. Suster Rachel en Karel bly. Ek wou Karel so graag saamneem, maar ag, geld is so skaars – sê liewer: op.

25.4.02
Alweer terug in ons sinkhok. Ek was so van stryk af in Durban dat dit onhoudbaar was. Daar word 'n onvoorwaardelike vrede gesluit, sê hulle. En dan al die ellende, alles, alles tevergeefs?
In Durban het die koelies 'n soort fees gehad. Jettie Sluiter en Johanna Bührmann met die kinders het gaan kyk. Hulle het nie geweet dat daar enige gevaar aan verbonde is nie, maar die feesvierende menigte het onder mekaar begin slaan, en wel so woes dat daar sewe dood is, sê hulle. Jettie en Johanna het gelukkig betyds weggekom. As dit nou waar is dat

* Ahasveros Doyer, getroud met Jettie Fischer.

hier elke jaar so huisgehou word, is dit vreemd dat daar nog geen anneksasie gevolg het of dat 'n legio teergevoelige Engelse nie van verontwaardiging oor soveel barbaarsheid opspring en die dames in beswyming val nie! Maar, o ja, dit is geen kleine republiekies nie en ook geen Kaffermeidjie nie. Suster Rachel sê dat ons kommandant die vroue laat weet het om êrens bymekaar te kom. Sy het natuurlik gedink dat hulle nou iets sekers van die vrede gaan hoor, maar hulle het net die liefderyke raad gekry om in geval van vrede tog niks onverstandigs te doen nie, geen onbedagte dinge nie. Hulle moes steeds onthou dat versigtigheid die moeder van die wysheid is – asof die heerskap meen dat ons al Engelse maniere navolg.

26.4.02
'n Brief van Koos Uys uit Ametnagar en een van Oswald Doyer. Dit gaan met hulle nog goed.

27.4.02
'n Diens deur ds. Van Belkum uit Filippense 4 : 7 oor sielsvrede – en ons, o ons dink altoos aan vrede vir land en volk.

28.4.02
Ek het 'n kleihond* gekry van 'n vrou uit die Vrystaat, mevrou Van der Walt. Hier word nogal mooi dinge van dié soort gemaak. 'n Meisie, mej. Badenhorst, het

* Die kleihond [Mara] bestaan nog, sowel as een deur die skryfster self gemaak en na Bousfield, die kampkommandant, genoem.

'n Zoeloekaffer nagemaak, waarlik goed! Ek het 'n bul en 'n Engelse offisier te perd gesien wat 'n seun hier gemaak het, ook uitstekend goed.

29.4.02
Crisje Wilden, ons korte, ronde, altyd vrolike tante Chris, is vandag van koers af en was al in trane.

30.4.02
'n Verskriklike wind. Stof en sand vlieg van alle kante die kamer binne.
Namiddag. Johanna Sluiter is hier. Sy het vir suster Rachel en my 'n mooi presentjie van 'n vriend uit Ceylon saamgebring, waarmee ons erg in ons skik is.

Mei 1902

1.5.02
Lucie en Willem van Hilletje is hier om een daggie te bly.

2.5.02
Suster Rachel en Karel is Durban toe om te kyk of hulle daarvandaan na die Umbilo kan gaan om Johan Fischer te sien.

3.5.02
Karel is saam met tante Chris see toe. Daar is weer goed aan behoeftiges gegee.

4.5.02
Wat voel ek tog ellendig. Ek was nie kerk toe nie; ek kry daar ook geen rus nie.

5.5.02
Dit is om van gek te word. Hulle sê ons vise-president en generaals is na Pretoria om voorwaardes aan te hoor. O, wat 'n spanning! Wat sal die uitslag wees?
Vieruur namiddag. Suster Rachel is terug. Sy het broer Johan en Doyer gesien. Dit gaan goed met hulle. Hulle weet niks bemoedigends nie.

6.5.02
Broer Willem Smuts se verjaardag. Sou hy al weet dat

sy Alie op Balmoral agtergebly het? Vanmiddag was
daar 'n harde wind, en teen sesuur het dit begin reën.

7.5.02

Henriette Sluiter, Johanna Bührmann en ek was in
die Umbilo-kamp; ons het Doyer, Johan en baie
kennisse ontmoet. Hulle sien daar veel beter uit as wat
ons gedink het. Teenoor die goed wat ons hier sien,
is hulle bepaald mooi.
Namiddag. Ons ontvang 'n brief van Oswald Doyer
van 2 April. Hy het nog geen briewe van ons gekry
nie. 'n Briefkaart van broer Piet Uys, ook hy het nog
niks van ons ontvang nie – vreemd . . .

8.5.02

Daar het weer gevangenes in die Umbilo-kamp aan-
gekom.

9.5.02

Suster Rachel het van 'n vrou wat na Umbilo kon
gaan, haar pas gekry, omdat die man weggestuur is.
Nou gaan sy op dié manier weer vir Johan sien. Vyf-
uur vanmiddag was suster Rachel weer terug. Die
laaste gevangenes is ses man uit die Vrystaat.

10.5.02

Racheltjie het 'n seer keel, iets wat nou hier heers.

11.5.02

Drukkend warm! Die laaste maande het ons nie so 'n
hitte gehad nie.

12.5.02
£1.10 ontvang – *salaris* vir elke lid van die klerekommissie. Vanmiddag vyfuur het ons biduur gehad.
Dit lyk of ons nie sal ontvang nie, sou almal dan verkeerd bid? Of sou die Here Hom nie meer bemoei met wat op die aarde omgaan nie, nadat Hy die mense tot selfs Sy seun gegee het? My kop draai van die gedurige *waarom*.

13.5.02
Ek het 'n pas gekry om môre na Jacobs te gaan.

14.5.02
Suster Rachel, Karel, Johanna Smuts en ek was by ons susters in Jacobs. Hilletje sit met 'n seer been. Sy het 'n brief van tante Grieta Scheepers uit Volksrust, toé nog almal wel. Die namiddag toe ons terug is, kry ek 'n brief van Johan Fischer dat hy moet weg na Indië. Vanaand sewe-uur was daar weer 'n biduur. Ek begin al dink dat dit beter is om nie te gaan nie. Alles is verlore vir die toekoms, miskien, sê hulle. Dit is o so hard om te sê: U wil geskied. Ek kan dit nog nie doen nie.

15.5.02
Voormiddag. In 'n kamertjie naby die washuis word oopgemaak; mans, koelies en wie wou, het bygestaan en gekyk.
Namiddag. Die stokkies gaan al rond om te hoor wie van die vroue hul reiskoste huis toe kan betaal. Daar is nog niks sekers van die vrede nie.

16.5.02
Alles stil; van die lawwe gedoente van gister hoor ons niks. Dié wat daarby belang skyn te hê, wou net weet wie van die vroue in staat is om op die plase te gaan woon. Hoe dwaas! Asof die boel nou nog nie weet waartoe ons in staat is as ons wil nie.

18.5.02
Pinkster-Sondag. In die voormiddag 'n preek deur ds. Enslin. Dit is 'n slegte dag, met baie stof en wind. Ons sit nou Sondae buite. Die vrouens en kinders verniel die kostelike skoolbenodigdhede, bestaande uit twee portrette van ons ongekroonde koning en koningin, 'n paar spelboekies – aan skrywe word niks gedoen nie.
Die hele skoolganery is net sover goed dat die kinders 'n paar uur per dag nie rondloop of in die kamers hoef te sit nie.

19.5.02
Die gerug dat 30 van ons mense deur Kaffers vermoor is, skyn waar te wees. Ons het gedink dit is 'n kampvertelsel.

20.5.02
Wind en stof.

21.5.02
Vanmôre is die ou meneer Hans Spies deur twee kakies in Merebank-kamp gebring. Sy kinders dink dat dit beter vir hom is. Sy vrou is hier en siek.
Die moord van Vryheid is maar alte waar. Veldkor-

net Potgieter met 53 man is deur Kaffers en nasionale scouts op hoë bevel vermoor.

22.5.02
Racheltjie se verjaardag. Koud en reënagtig.

23.5.02
Die lys met die name van die vermoordes is hier aangeplak. Groots en edel, sulke dade!

24.5.02
Al die winkeltjies is gesluit – 'n feesdag. Mag die hemel gee dat die gehate boel eenmaal nog in dieselfde toestand geplaas word as ons tans. Maar dit lyk of Engeland se gelukster nooit sal daal nie.

25.5.02
Stil en rustig. Stoffel Rothman en familie was hier. Hulle sê dat die vrede geteken is, maar hoe, weet niemand nie.
Sewe-uur namiddag. Weer word iets vertel van 'n moord deur Kaffers êrens op Witbank, distrik Ermelo. Ons was na blok 9 om mejuffrou Burger, dogter van vise-president Burger, te sien. Sy sê dat alles donker en hopeloos is.

26.5.02
Die hele kamp is in oploop. 'n Gerug doen die ronde dat daar gewapende Kaffers in die kamp is en sê dat 'n Kafferkommando klaar is om op Engelse bevel die vrouekampe kaf te loop as die boere nou geen vrede wil maak nie. 'n Hele klomp vroue is na die

kommandant om beskerming te vra. Elkeen wat 'n weinig van ons geskiedenis weet, kan dink watter indruk dié gerug maak. Dit sou geen buitengewone maatreël wees nie. Wie dink nou nie aan Piet Retief en die Voortrekkers nie? Sou hier nou miskien geen Owens meer te vind wees nie? En wat van die nog aangeplakte vermoordes in Piet Retief? Ek kan nie sê dat ek daar veel van glo nie. Nie dat dit vir ons vyand te laag sou wees nie, maar uit vrees vir hul eie boeties sal hulle dit wel laat staan. Nietemin staan die angs op meer as een vroue- en kindergesig.

27.5.02
Dis net 'n jaar gelede dat ek Willem laas gesien het. Een jaar! Hoe kort was 'n jaar vroeër vir ons – en nou is dit asof daar 'n halwe eeu tussen toe en nou verloop het. Tóe nog hoop, nog vertroue – nóu alles, alles weg. Iets is daar nog waarvoor ek dankbaar moet wees as ek ten minste nog gevoel het. Ons – suster Rachel, die kinders wat ons by ons gehad het en ek – is nog almal gesond. Op 'n heel klein uitsondering na is ons sowat die enigste wat so gelukkig was.

28.5.02
Alles weer rustig. Of rustig nou die regte beskrywing is vir wat aangaan – seker nie, maar dit gaan ten minste weer volgens kampgewoonte. Dit is nou al so goed as seker dat ons alles en alles verloor het. Wat nou van reg en geregtigheid? Alweer 'n waarom. Waarom ons nie in een-en-tagtig in Engeland se mag laat bly nie, of waarom ons voorouers nie deur die Kaffers laat uitroei nie, waarom nou, noudat ons

byna 'n volk was, na soveel ellende, soveel jammer ons alles, alles ontneem?
Herman Sluiter was 'n paar minute hier.

29.5.02
Jettie Sluiter is hier. Sy het briewe van Koos Uys en Herman gehad, ook een van Maggie Sluiter*.

30.5.02
Wat 'n aaklige dag. Almal sien daar bedruk en mismoedig uit. Die meeste wil niks van alles glo nie. Ek is doodongelukkig. In die namiddag harde wind.

31.5.02
Swaer Doyer het uit Umbilo onder parool hierheen gekom.

* Later getroud met dr. Aart Jurriaanse.

Junie 1902

1.6.02
Vanoggend om sewe-uur is ons deur kommandant Bousfield gesê dat dit vrede is. Vrede, vrede, maar hoe, wat 'n vrede? Vrede, oorwinning vir Engeland, stryd en slawerny vir ons en ons kinders? So 'n vrede? O, dan nog liewer die kamp-ellende, met al sy verskrikking. Sou die lyke in die uitgestrekte kerkhowe nie nou gelukkiger wees as ons nie? Met so 'n vrede – hoe, wat sal ons bestaan hierna wees, sonder hoop, sonder vertroue of geloof of gevoel? O, dit is onmoontlik . . .

2.6.02
Elfuur voormiddag. 'n Surrender kom ons sê om vanmiddag vieruur na die kantoor te kom. O, ek weet al wat op ons wag, en tog wil ek nog hoop, hoop tot die genadeslag val en dan . . . dan moet die goeie God, van wie ons geleer is dat Hy genadig is, my help.
Sewe-uur namiddag. Wat nou van my met soveel hoop, so 'n vaste vertroue begonne dagboek? Ek wil niks meer sien nie, niks meer hoor nie. Weg, weg met alles wat my aan die verlede herinner. Alles in my is dood, ongevoelig dood.

Ek wil en móét nog lewe en lewe om te sien of die woorde: ,,My God, my God, waarom het u ons verlaat", wat steeds deur my hoof bons, waarlik op ons kinders van toepassing sal wees. Wat het daar van ons vertroue van twee jaar en agt maande geword? Ons weet nou dat ons ons land, ons vlag en daarmee ons onafhanklikheid verloor het. Ons voormanne moes 'n vernederende vrede teken. Waar sal ek woorde kry om my gevoel te beskrywe waarmee ek hier sit? Ons het alles op die spel geplaas en alles hopeloos verloor. Die vreugdeskote bulder tot teken van Engeland se oorwinning, maar vir ons beteken dit die dood vir ons so dierbare twee klein republieke. Kan dit waar wees?

3.6.02
Voormiddag. Die vroue praat van huis toe gaan, van hul mans en seuns wat nou sal kom. Ander sê dat dit 'n boel leuens is wat die lae boel bedink het om ons te treiter. Weer ander is stil en baie bedroef. En ek, o, die kanonskote dreun nog deur my kop. Ek is na aan wanhoop, ek kan nie glo dat alles werklik verby is nie. Kan dit wees dat die God wat ons vaders uit soveel ellende gehelp het, nou nie meer barmhartig wil wees nie? Wat van al die gebede, die smekinge wat al die maande opgestuur is, al die bloed en trane, al die ellende in hoop en vertroue op 'n séker verlossing? Niks, niks van dit alles. As die Heer Hom nie oor al die duisende wil ontferm nie, hoe sal Hy dan een ellendige soos ek gedenk? O, hoe sou die behoud van ons land my geloof versterk het! En nou, nou sê ons vyande: „Waar is u God op wie u gebou het?"
Ek is nog nie seker of alles van gister wel deur ons

beleef is nie. Soos in 'n droom sien ek die duisende vroue en kinders na die kommandantskantoor gaan, asof die loop 'n ware las is, die wag daar onder die brandende son, 'n doodse stilte, 'n asemlose spanning, en eindelik na veel gedoe en geloop van polisie en beamptes, eindelik die verpletterende: Alles verlore, alles weg! Toe terug na die sinkhokkies, sommige met 'n vloek op die lippe, ander hopende dat dit onwaar is, weer andere na aan 'n floute – maar, helaas, terug ... leeg, hopeloos, afgemat terug. Hoe sal ons krygsgevangenes dit dra? Ons duur, te duur betaalde erfdeel verlore? Nou voortaan is ons in die mag van 'n veragte, lae vyand wat nie geskroom het om Kaffers te gebruik om sy doel te bereik nie. Wat van ons twee presidente en voormanne wat al die lange maande teen 'n tien maal sterker mag as ons s'n volgehou het? O, die gedagte dat ons manne hul wapens voor so 'n vuile, lae oorwinnaar moet neerlê, is ondraaglik! Was dit ons tog nog vergun om by hulle te wees, met hulle die vernedering te deel, soos ons al hul hoop en vertroue gedeel het!
Maar ook dit mag nie gewees het nie.

4.6.02
'n Doodse stilte. Hout aandra en na die kommissariaat gaan, het meteens te veel geword. Alle moed en krag is weg. 'n Mens kry 'n gevoel soos van die stilte na 'n verwoestende haelstorm.

5.6.02
Suster Johanna se verjaardag. Sal sy ooit die harde dae wat ons hier tesame deurleef het, vergeet? Ons

almal se jare is verkort, ons voel oud en afgeleef. Sal
dit ooit weer anders word . . . ?
Namiddag. Herman, suster Rachel, die kinders en ek
was na suster Johanna om haar ten minste 'n gelukkige hierna toe te wens.

6.6.02
Dit is vandag 'n jaar gelede dat ons op Standerton
op 'n sandhoop sit en wag het wat daar met ons
gedoen sou word. Maar toe, o hoeveel beter – toe
nog vol vertroue op 'n seker verlossing. En nou alles
verydel.
Namiddag. Van die vroue en meisies was na die
Umbilo om die krygsgevangenes te sien. Dit blyk nou
uit een en ander dat die opskudding oor 'n Kafferkommando nie van alle waarheid ontbloot was nie!
Daar was wel deeglik 'n moontlikheid dat ons almal
vermoor sou word as daar nie vrede gemaak is nie.
So ver het dit nou al met die beskawing gekom. Die
doel heilig die middele.
Vyfuur namiddag. Alweer 'n bevel om môre tienuur by
die kantoorgebou te wees. Sou daar alweer iets fraais
te vertel wees, of sou ons base so 'n genoeë daarin hê
om 'n klomp uitgeputte vroue te sien, of sou dit
wees om te sien hoe ons ons sieleleed dra?
Hulle sê dat een van ons generaals hierheen gaan
kom.

7.6.02
Alles is verby. Die lot is gewerp. Óns met óns kinders
is Engeland se slawe.
Halftien in die voormiddag het ons 'n weinig hoop

gehad op 'n Godsredding, maar nou is alles weg. Ons gewese vise-president S. W. Burger was hier. 'n Menigte vroue en kinders was voor die kantoor om die versekering te kry dat geloof, hoop, vertroue, volharding, ellende, dierbare offers, vernedering, alles, alles niks beteken het nie. Mag is reg! Wat tog kan 'n klein volkie meer vir vryheid en reg gee as wat ons gegee het sonder om te mor? Twintigduisend vroue en kinders het hul lewe gegee, tog kom ons beskaamd daar uit. Op mensehulp het ons nie gehoop nie, wat kom dit op 'n paar klein republieke aan? Die grotes wil dit so hê. Wat sal nou ons lewe wees, veragting vir ons owerheid, haat teen ons eie mense wat ons heil, reg en land aan ons vyande gegee het? Wat as ons die lae verraaiers weer moet sien en tesame in 'n verwoeste land moet lewe?

8.6.02
Sondag. Sal ek ooit weer 'n rusdag hê, ek dood en koud! Tot nou toe kon ons alles dra, nou word dit hier ondraaglik, nou wil ek o so graag weg.
Elfuur namiddag. 'n Aantal van die krygsgevangenes uit die Umbilokamp is met verlof hier.

9.6.02
Johanna Bührmann was 'n paar dae hier, sy is nou weer terug.

10.6.02
Hier was al 'n paar van die burgers om hul familie te sien.

11.6.02
Onweer en reënagtig. Die laaste dae was warm en stil.

12.6.02
Harde storm. Die dak van 'n huis is al af, nou gaan die surrendertjies rond om te kyk of daar nog meer dakke plan het om weg te vlieg.
Suster Rachel Fischer en ek het tesame 'n dosyn aartappels gekry en 3 lepels suiker vir agt dae.
Namiddag. Daar het weer burgers ingekom uit die Vrystaat. Hulle het gedink hulle kon kosteloos kom volgens die belofte van 'n bevoegde persoon, maar moes by die stasie maar opdok.

13.6.02
Seep is aan die vroue uitgedeel. Dit is 'n gif van een of ander wat nie sy naam wil sê nie.

14.6.02
Nog niemand uit Ermelo nie. Ek sou so graag wil weet waar Willem is, maar hier wil ek hom nie sien nie. Dit sal vir my te veel wees om hom hier deur hierdie kampvuilgoed of stokkiesdraers rondgeorder te sien word.

15.6.02
Voormiddag. Hier kom burgers uit Carolina en Standerton. Hulle sê dat die Hoëvelddistrikte die meeste verwoes is, daar is byna geen huis te sien nie.
Namiddag. Suster Rachel en ek was in blok 9 om Cato Smuts te sien. Annie Smuts en sy het briewe van ons broers gekry. Maggie en Willem Sluiter was in

Jacobs. Ons verwag hulle môre hier, dan hoop ek om iets van Willem te hoor. Ek het verlede nag van pragtige wit rose gedroom.

16.6.02
Tobias Smuts, Maggie Sluiter, Willie Steenkamp en Jettie Sluiter is hier. Dit is so heerlik dat ons sielsbly is om hulle te sien, maar die vreugde word o so bitter vergal deur die gedagte dat ons saak so hopeloos verlore is. Dit lyk of daar nou weer 'n ander gesukkel kom: die vroue wat hul mans hier het, kan nie weg nie, want, sê hulle, hul sorg is nou hier! Nou moet Willem onder geen omstandighede kom nie. Ook is daar geen vervoermiddels om die families van die stasies weg te kry nie. Foei, hoe treurig! Toe ons weggeneem is, was daar wel vervoermiddels genoeg; toe is die osse en muile wat van uitputting in die tuig doodgeval het, so lank geslaan en gebeuk totdat hulle weer moes op – en nou is daar geen vervoermiddels nie?

17.6.02
Hulle sê dat daar nog meer burgers kom. Ek hoop maar dat daar niemand meer kom nie. 'n Kamp is 'n ellendige plek vir 'n man. Die vrouens wat vroeër vir die sogenaamde hensoppers niks as smaad oorgehad het nie, sê dat hulle geen manne is nie en dus ook nie as sodanig behandel kan word nie.

19.6.02
Johannes en Johanna Bührmann was in die voormiddag hier; ook Willie Steenkamp. Nou voel ek **tog**

'n bietjie jaloers. Maar as Willem kom, kan ons straks nie weer terug nie en dit sal nog erger wees.

20.6.02
Alweer burgers van buite aangekom. Wat kom hulle tog doen? Pleks dat hulle vra dat hul families moet uitkom.

21.6.02
Jan Naudé uit Bethal is hier. Hy sê dat Willem en Karel Fischer 'n wa en perde of muile bymekaarsnuffel om ons van Standerton te haal. En nou sit ons nog gevange.

22.6.02
'n Aaklige wind en stof. Hilletje is hier uit Jacobs.

23.6.02
Alles gaan asof dit hier nog jare so sal bly. Hier is nege predikante om konferensie te hou. 'n Brief van broer Piet Uys dat hy siek is.

24.6.02
Sewe-uur namiddag. Ek was kerk toe. Ds. Schoon van Ladysmith het gepreek – boeiend, sê die ander, maar ek is so omgekrap dat selfs 'n boeiende preek geen indruk op my maak nie. Hier word vertel dat drie van ons burgers die doodvonnis gekry het; waarvoor, sê hulle nie.

25.6.02
Ds. Pienaar van Bultfontein het 'n diens gehou oor

die liefde, trou en lankmoedigheid van Christus. Die man voel ons ellende diep.
Sesuur namiddag. Ek was na Jacobs. Lucie het met my saamgekom. Anna Sluiter en Lettie Bührmann is ook hier. Hier word ter ere van die kroning van ons geliefde koning 'n ekstra brokkie uitgegee, bestaande uit 'n blikkie jam vir elke kind onder 12 jaar, een pond meel, 'n halfpond suiker en 4 onse rosyne. Jammer dat die skat uitgeput was voordat die groot menigte aan die beurt gekom het. Wat 'n lekkerny ontglip!

26.6.02
Die kroning is uitgestel omdat Sy Majesteit te swak is om sy sware kroon wat nou nog die gewig van twee klein, op geen edele manier oorwonne state, bykry, te dra – of, soos 'n vrou hier gesê het: „te verpes is om 'n kroon te dra". [Ja, jong, jy gaan tronk toe as jy so praat.]

27.6.02
Johanna Sluiter is hier met iets vir die behoeftiges. Johannes Louw, van Bethal, sal miskien Maandag teruggaan. Ek dink dat hy te veel verwag, maar mag hy gaan – dan kan Willem weet wat om te doen, as hy nog in Standerton is.

28.6.02
Op elke hoek van 'n blok kamers is 'n proklamasie onder krygswet aangeplak dat elke misstap ingevolge die krygswet streng gestraf sal word. Sou die vrouepraatjies oor ons koning voete gekry het? Van die derde af was dit al vrede. Vanmiddag was Johannes

en Johanna weer hier. Jettie was siek, maar is gelukkig weer beter.

29.6.02
Net soos ek gedink het – Johannes Louw mag nie terug nie. Eers die vroue van wie die mans nog nie hier is nie. En ons dan? Ons het al drie dae gelede applikasie gemaak.

30.6.02
'n Telegram van Willem dat ons moet kom. Hy sit op Standerton en wag, asof ons sommer kan kom! Hy het nog nie veel met ,,I am sorry" of ,,tomorrow" te doen gehad nie. Hy sal dit nou wel moet leer.

Julie 1902

1.7.02
Nog niks van vryheid nie. Ek het met 'n jong Erasmus gepraat wat sê dat Willem nog op Standerton sit en wag. Ek het hom geskryf om nie te kom nie, nou kan hy daar ook nie weg nie; hy weet nie watter dag ons daar sal wees nie. Wat 'n gefoeter!

2.7.02
Vanmiddag was ek by Johanna toe Karel my 'n telegram van sy pa kom bring waarin hy vra waar ons dan bly. Ek was by kommandant Bousfield om te hoor waarom ons nou nie kan gaan nie; die antwoord was die gebruiklike ,,I am sorry", maar hy het geen reg om ons te laat gaan nie. Alleen mag ek ook nie weg nie.

3.7.02
Johannes Louw is vanuit Durban weg. Hy het hier 'n pas na Durban en terug gekry. Toe hy eers daar is, gaan hy as 'n inwoner van Durban 'n permit na Standerton vra, wat hy ook gekry het. Hy het ons gisteraand laat kom sê dat hy die kommandantjie 'n ,,smerige trick gaan speel" en dat ek hom 'n brief aan Willem kan gee. Ek is bly dat hy weg is.
Namiddag. Al die halfslyt goed is uitgegee. Die goed is al byna 'n maand in ontsmetting, nou kry ons dit eers te sien.

Suster Rachel en ek moet kantoor toe kom. As dit nou maar die applikasies is . . .
Ons was daar en moes in 'n kamer wat daarvoor afgesonder is, antwoord op vrae wat deur een van die skurke ['n Davies uit Bethal] gestel is: jou naam, getroud of ongetroud, die naam van jou man, hoeveel kinders jy het, hoeveel jy nog sal hê en duiwel weet wat al meer. Wel weet ek dat die meneer Davies dit nie plesierig met ons gehad het nie; veral toe hy suster Rachel een of ander vra, antwoord sy hom met 'n vraag: Of sy wel die eer het om meneer Davies uit Bethal te sien – waarop hy so spoedig moontlik met vra klaargekry het. Miskien moet ons nou 'n week of wat later gaan maar die genot van smaal het ons tog gehad.

4.7.02
Alweer op kantoor – moes 'n lang halfuur wag. Oplaas kom sy agbare, 'n dik Engelsman, ons vra of ons na Standerton wou gaan, al dan nie, waar en hoe ons in ons eie onderhoud kon voorsien . . . toe kon ons weer gaan, tot later order.

6.7.02
Vanmôre het ds. Enslin uit Hebreërs 12 gespreek: Laat ons . . . met volharding die wedloop loop wat voor ons lê. Hoe dié wedloop voortaan sal wees, kan ons nie nou besef nie.
Sewe-uur namiddag. As ons by die huis wil kom, moet ons in oop trokke gaan, nou, so het ons hier gekom.

7.7.02
Jettie Sluiter was hier. Ons het gedink dat ons ook kan gaan noudat ons applikasies gekom het en goedgekeur is, maar nou is daar nog o soveel te doen. Ek het as kommissielid bedank, uit vrees dat ek anders nie kan wegkom nie.

8.7.02
Alweer 'n opnemery van name en tickets. As ek nou nie so sielsgraag wou weg nie, sou ek die hond by die deur uitgejaag het. Dit is om gek van te word – die heen-en-weer-lopery en vraery, en dan nog dié boel.

9.7.02
Alweer tickets vertoon. As ek 'n mamba was, sou hier nie veel van die vuilgoed oorbly nie.

10.7.02
Eindelik is 'n paar families aangesê om hul pluiings op die stasie te besorg. Vyfuur vanmiddag moet alles daar wees. Vannag kan hulle op die vloer slaap.
Namiddag. Weer tickets vertoon, maar nog geen order om weg te gaan nie. Iemand het ons vertel dat ons susters uit Jacobs vertrek het. Gelukkig.
Die eerste brief van Johan vir suster Rachel.

11.7.02
Twee-uur vanmiddag het die eerste vroue vertrek en goed van Krugersdorpvroue is op die stasie. Johanna Sluiter was hier met klein Anna.
Vyfuur namiddag. Sowat driehonderd vrouens uit Krugersdorp is klaar om te vertrek.

Genl. Louis Botha was hier en het 'n paar woorde tot die vroue gespreek.

12.7.02
Koue wind en stof. 'n Kort diens deur ds. Enslin – Ps. 73 : 28.

13.7.02
Die vroue wat weggaan, moet by die kommandant verslag gee van alles wat hulle het. Die kinders van 6 tot 14 moet skoolsertifikate hê. Suster Rachel en ek het elkeen 'n katel gekoop toe ons pas hier was. Nou moet ook daarvoor 'n voldane rekening gelewer word.

14.7.02
Hier is weer vroue weg. Willem sal wel al hopeloos word.

15.7.02
Rachel Visser het na 'n maand se gesukkel verlof om te gaan, nadat sy al die gebruiklike seremonies deurgemaak het. Elke kind moet twee maal deur die dokter ondersoek word. Wel, 'n paar kinders het 'n tyd gelede pampoentjies gehad – vandaar die oplettendheid.

16.7.02
Hulle het hier 'n klein kampie waar die siek vroue moet ingaan. Dit is byna om van te lag: daar sit al die hele dag een vrou met 'n paar kinders in.

17.7.02
In Umbilo het weer gevangenes aangekom. Uit ons blok was vroue daarheen om hulle te sien.

18.7.02
In die namiddag is ek kantoor toe geroep oor 'n fout in my applikasie en niks meer of minder nie as om te sê waar Lucie gebly het. Na al die gedoe en gelol om haar weg te kry, is daar in geen boek iets oor haar te vind nie. Toe het ek my rantsoenkaart gaan haal om te toon dat sy werklik weg was. Die geboek en gevra is erg onaangenaam, maar as dit weer rustig is, dink 'n mens dat dit wel nuttig kan wees om die hele boel in orde te hou, maar nou blyk dit weer dat daar niks van waar is nie en dat dit alleen maar is om te treiter! By elke hek staan drie polisiemanne; 'n kind het nog skaars gesterwe of daar is een by om te hoor of die kind werklik dood is, geen voet word versit nie of daar moet 'n pas voor gevra word – en nou het daar 'n hele, grote Lucie verdwyn.
Vroue wat na Umbilo was, het 'n kostelike dag gehad. Die trein het by Umbilo verbygestoom, twee stasies verder, van waar die gaste terug moes loop, nog mooier – toe hulle by Umbilo kom, was daar geen enkele gevangene te sien nie en moes hulle maar voetslaan kamp toe!

19.7.02
Meer vroue vertrek weer.
Nege-uur namiddag. Reën.

20.7.02
Krygsgevangenes het uit Ceylon aangekom. Hulle sien daar ellendig uit – maer, bleek en erg verouderd . . . So lyk gevangenes dus.

21.7.02
Jettie en Maggie was hier. Hulle het gedink ons is al weg, maar 'n mens laat gevangenes seker nie so spoedig los nie.

22.7.02
Vanmôre het daar weer 'n hoeveelheid goed vir die gevangenes gekom. Ek help nog so effens by die dinge. Johan en Willie Sluiter is met hul rywiele hier. Vanmiddag het ons 'n entjie met hulle twee saamgegaan en kon die versoeking nie weerstaan om verder te gaan toe ons buite die draad was nie. Ons het gegaan tot by die klein kerkie in die bos wat 'n puinhoop was toe ons die eerste keer daar gekom het. Al die ruite was stukkend, geen enkele grafsteen nie, niks as 'n doringdraad om 'n paar grafte nie. En nou is alles netjies, die kerkie opgeknap, geverf, ruite en rame heel, en op 'n graf van 'n vrou wat al in 1896 daar begrawe is en wat een enkele draad tot versiering gehad het toe ons tien maande gelede hier gekom het, pryk nou selfs 'n ses voet hoë granietsteen.
Sou dit alles toeval wees, of moes selfs die lyke op ons goudmyne wag, of was die geliefde man eers na die plundering van ons huise in staat om so 'n steen te bekostig? Nou ja, 'n mens is tog mededeelsaam.
Elfuur voormiddag. Die familie Van Rooy vertrek na

Vryheid. 'n Seun van haar het pampoentjies, maar hy is tog weg, terwyl hier in die bewaarkamp al tien dae lank vroue om dieselfde rede opgesluit sit. Ja, maar niemand het die vername dokter vertel dat die klein Van Rooy pampoentjies het nie.

23.7.02
'n Trein na Volksrust vertrek. Tobias en Johan, ook Johannes en Johanna Bührmann was hier.
Namiddag. Van die goed uit Duitsland het 'n helfte van 'n rol groen laken spoorloos verdwyn. Die sleutel word deur die matrone bewaar, maar die venster moet oopbly vir lug, sê hulle. Goed, nou sal die boel wel nie stik nie! Hoeveel van die dinge het al dieselfde weg opgegaan? Toe ons met die kommandant daaroor praat, sê hy heel beleef: ,,I am sorry,'' maar die dames het hulle vergis, daar was seker nie sulke goed nie.

24.7.02
Reën, dis koud en vies.

25.7.02
Alles gewoon.

27.7.02
Storm, stof en sand. Al die wasgoed wat op bleik lê of hang om droog te word, moet weer was toe. Arme drommels van vroue.

27.7.02
Koel weer. 'n Diens deur sendeling of eerwaarde Daneel oor Gen. 32 : 17: ,,Aan wie behoort jy, en

waarheen gaan jy, en wie s'n is die goed daar voor jou?" Hoe menigmaal het ek aan dié woorde gedink as ek die kinders sien. Ons is teleurgestel, maar die kindersiele wat nog meer as ons vol hoop en vertroue was, só jonk en nou so 'n teleurstelling – hoe sal hulle later kan glo: Die Here kan geen fout maak nie? En tog – wat van hierdie kinders?
Namiddag. Frederik de Jager gesien. Hy sê dat Willem nog op Standerton sit en dat hy hierheen wil kom. Maar dit mag onder geen omstandighede nie. Ek wil dit nie hê nie, hoe hard dit ook al is.

28.7.02
Eindelik, eindelik is ons aangesê om te gaan – Woensdag – as daar nie weer 'n teleurstelling kom nie.
Elfuur voormiddag. Alweer 'n treurige berig. 'n Brief van Johanna uit Volksrust dat Martha Smuts dood is. Arme Gideon, arme broer, dit nog op die allerlaaste. Ook 'n brief van Johan dat hy nie voor in September of Oktober sal terugkom nie.

29.7.02
Elfuur vanmôre het Jettie ons vir laas in Merebank kom sien. As tante Lettie en Johanna weg is, sal dit vir haar net eensaam wees.
Agtuur voormiddag. O, ek is doodmoeg. Dit waai verskriklik. Ons is nou gelukkig die eerste seremonies van ons vertrek deur: het sertifikate, rantsoene en reiskaartjies gekry. Nou nog môre, en dan miskien 'n weinig rus.
Die ou heer Els, 77 jaar, uit Volksrust moet die eed van getrouheid neem om weg te kom.

30.7.02
Ons vertrek is tot môre uitgestel. Ons het so gehoop om te mag gaan.

31.7.02
In die trein. Afgemat en uitgeput, maar klaar om te gaan. Ons moet in 'n draadomheining en die hek die een na die ander deur. Ek het so seker gedink dat suster Rachel sal flou val; sy is erg swak en klaar. Baie vriende is hier op die stasie om ons te sien vertrek. Lettie Bezuidenhoud hang by die raampie in en huil, tante Levina en o, baie ander. Ook hier bly 'n deel van ons hart agter.
Vyfuur namiddag. Daar gaan die fluit. Vaarwel, Merebank, met alles wat ons hier beleef het, vaarwel. South Coast Junction ... Ons sit patats en vleis te eet, voel 'n weinig verlig.

Augustus 1902

1.8.02
Chieveley-stasie. 'n Trein met kakies wat teruggaan
Hulle voeg ons alle moontlike honende woorde en
gesegdes toe. Mag hulle hul loon kry.

2.8.02
Vyfuur voormiddag. Platrand-stasie. Terug, terug na
wat ons elf maande gelede as ons land verlaat het.
Ek hoor suster Rachel Psalm 26 en 139 lees. Uit die
trein sien ons 'n groot Kafferkamp.

3.7.02
Voormiddag. Terug in Standerton-kamp. Veel het
hier verander, maar enkele van ons vroeëre vriende
is nog oor en is waarlik bly om ons te sien.
Elfuur voormiddag. Ons wa is nog nie hier nie. As ons
tog nie hoef te wag nie . . . Sondag – buitengewoon
warm vir 'n Augustusdag in Transvaal.
Die waentjie het gekom. Harie en Hessie Fischer het
saamgekom om ons en ook iets van die kamp te sien.

4.8.02
Klaar om te gaan, maar vrees nog verhindering. Een
van die muile het 'n kol brandsiekte, en verlede week
is hier 'n man, Carel Fourie, met 10s. vir so 'n muil
beboet.
Drie-uur namiddag. Buite die dorp. Vry, wat ons per-

soonlike vryheid aangaan. Willem en Hessie moes 'n hele ent loop om ons waentjie te kry.

5.8.02
'n Nag in die veld onder die blote hemel geslaap op 'n digte plek gras. Middag hoop ons om tuis te wees.
Namiddag. Die eerste middag hier het ons gestampte mielies en pampoen gehad.

6.8.02
Elfuur kom suster Jet Doyer met haar twee dogters hier aan.
Sewe-uur namiddag. Die eerste aand in my voorlopige tuiste, Geluksplaats, distrik Bethal.

VERTROUWEN
*Uit 'n krygsgevangenekamp ontvang en
in die oorspronklike dagboek opgeneem.*

Wel hem die op God vertrouwd
En in donk're dagen
In de onzek're verte schouwt
Zonder angst of klagen

Is hier moeite en veel verdriet
In dit korte leven
Och! de Heer toch doet ons niet
Naar wy reeds misdreven

Gy dan ook die lyd en treurd
Wil toch meer bedenken
Ieder zegen was verbeurd
Dien ons God wou schenken

Nam Hy weder wat hy gaf
Nochtans Hem geprezen
Die by zegen en by straf
Wil dat wu Hem vreezen

Is het dan voor uw gezicht
Soms een angstig duister
Uit het duister schept Hy licht
Met vernieuwden luister

Achter wolken schuilt een poos
't Licht van Gods ontferming
Wie Hem zoekt vindt toch altoos
By den Heer bescherming

Hy weet wie daar op Hem wacht
Hoop op zyn genade,
En zoo donker is geen nacht
Of Hy slaat hen gade

Wel hem die op God vertrouwd
En in donk're dagen
In de onzek're verte schouwt
Zonder angst of klagen.

Die eerste blomme, gepluk in ons arm, verwoeste Transvaal, op die graf van klein Kareltjie, oudste seuntjie van Harie en Hessie Fischer. ['n Reproduksie van die geperste blomme agterin die oorspronklike dagboek.]

PERSONE IN DIE DAGBOEK

Van die volgende egpare word onder andere in die Dagboek geskryf:

Willem Smuts	Annie Cloete
Tobias Smuts	Johanna Bührmann
Hilletje Smuts	Hendrik Bührmann
Gideon Smuts	Martha Schoeman
	later hertroud met Sara de Wit
Frederik Smuts	Miemie Uys
Dorothea Smuts	Piet Uys
Adriaan Smuts	Cato Fischer
Rachel Smuts	Johan Fischer
Maria A. Smuts	Willem Fischer
Harie Fischer	Hessie Grey
Jettie Fischer	A. Doyer
Johannes Bührmann	Johanna Steenkamp
broer van Johanna	
en Hendrik Bührmann	

REGISTER

Abrams, kapt. 8, 12
Ahmednagar (Indië) *sien* Ametnagar (Indië)
Albion (Engeland) 9, 43, 62, 73. *Sien ook* Engeland
Ametnagar (Indië) 110

Badenhorst, mej. 110–111
Balmoral (Oos-Transvaal) 68, 73, 86, 113
Barneveld (plaas dist. Carolina) 2
B.C.P. *sien* Burgher Camp Police
Beginderlyn 11
Belfast (Oos-Transvaal) 46
"Beskawing" 5–6, 21, 43, 51, 90, 108, 122
Bethal 1–2, 17, 26, 32, 34, 61, 66, 126–127, 130, 139
Beukes, mev. P. 47
Bezuidenhoud, Andries 53, 55
Bezuidenhoud, Lettie 48–49, 53, 55, 58, 137
Bezuidenhoud, mev. Levina 40, 44, 49, 53, 55, 58, 137
Bezuidenhoudt, mev. 15
Blaauwkop (dist. Ermelo) 12
Bloem, mev. 11
Bloem, Anna 11
Bloem, Jacob 11
Bloomfield (kampkommandant Standerton) 14, 16–17, 19, 25

Botha, kapt. 59
Botha, mev. kapt. 59
Botha, genl. Louis 132
Bousfield (kampkommandant Merebank) 43, 49, 54–55, 60, 62, 72, 75, 77, 84–86, 88, 94, 100–101, 110, 117, 119, 121, 129, 132, 135
Bousfield (kleihond) 110
Brittanje 3. *Sien ook* Engeland.
Bührmann, Adriaan (seun) 77–78
Bührmann, Hendrik 4–5, 17, 77, 143
Bührmann, Hendrik (seun) 77
Bührmann, Hilletje (née Smuts) 77, 86–87, 95, 102, 112, 114, 126, 143
Bührmann, Johanna (née Steenkamp) (vrou van Johannes Bührmann) 13, 15, 17, 20, 25–26, 30, 60, 78, 109, 113, 123, 125, 127–128, 135–136, 143
Bührmann, Johanna (vrou van Tobias Smuts) *sien* Smuts, Johanna (née Bührmann)
Bührmann, Johannes 10, 60, 125, 127–128, 135, 143
Bührmann, Lettie 127
Bührmann, Willem 10

Bührmann, Willem (seun van Lucie & Hendrik Bührmann) 112
Bührmansvlei (plaas aan die Vaalrivier) 1, 3
Bullock, kol. 4–5, 7
Bultfontein (OVS) 126
Burger, mej. (dogter van genl. Schalk) 116
Burger, Koos 1
Burger, genl. S.W. (Schalk) 100, 107, 112, 116, 121, 123
Burgerkampe, *sien* Konsentrasiekampe
Burgher Camp Police (B.C.P.) 57, 67

Calitz, mev. 40, 45
Carolina (Oos-Transvaal) 2, 106, 124
Ceylon 111, 134
Charlestown 78
Chieveley (gespel Chievely in dagboek) 138
Chris, tante *sien* Wilden, mev. Chris
Cloete, Annie *sien* Smuts, Annie (née Cloete)
Coense, mev. Jacob 42
Coetsee, mev. 66
Coetzee, Felix 84–85
Colenso 41
Colonist of 50 years (briefskrywer) 90–92
Cronjé, mev. E. 37

Dagboek 2, 5–6, 78, 91, 110, 119
Daneel, ds. 135
Davies, ene (Belfast) 46
Davies, ene (Merebank) 130
De Emigratie 10
De Jager, mev. Dorie 104–105
De Jager, Frederik 23, 136
De Jager, Gert 21, 84
De Jager, Lodewyk 84, 99–100
De Klerk, mev. Kotie 98

De Wit, Sara *sien* Smuts, Sara (née De Wit)
Dingaansdag 66
Dokters 11, 14, 17–18, 21, 26–27, 39, 44, 46, 48–49, 52–53, 55–58, 72, 77, 94, 132, 135
Doyer, Ahasveros 109, 112–113, 118, 143
Doyer, Jettie (née Fischer) 109, 127, 139, 143
Doyer, Oswald 81, 104, 110, 113
Drake, mnr. 96
Duitsland 79, 97, 99, 135
Durban 17–18, 25, 30, 50, 56, 60, 63–64, 66, 69, 71–72, 76, 78, 81, 84, 89, 95, 98–99, 105, 109, 112, 129

Eduard VII, koning 115, 127
Eed van getrouheid 136
Eerste Vryheidsoorlog (1880–1881) 2, 117

Elandslaagte 41
Els, mnr. 136
Emigratie, De *sien* De Emigratie
Emmet, mev. 59
Emmet, ene 59
Engeland 3, 6–7, 27–28, 38, 40–43, 55, 57, 59, 68, 73–75, 90, 108, 116–117, 119–120, 122. *Sien ook* Albion, Brittanje.
Ennis, mev. 65
Ennis, ds. 66
Enslin, ds. 69, 72, 102, 115, 130, 132
Erasmus, ene 129
Eredienste 24, 27, 38, 68–69, 72, 102, 107, 109–110, 112, 115, 126–127, 130, 132, 135–136
Ermelo 1–4, 15, 26, 47, 76–77, 96, 109, 116, 124
Ermelo-kommando 4
Everard, dr. 11, 14

Fischer, Cato *sien* Smuts, Cato (née Fischer)
Fischer, Harie 138, 142–143
Fischer, Hessie (née Grey) 138–138, 142–143
Fischer, Jettie *sien* Doyer, Jettie (née Fischer)
Fischer, Johan 29, 109, 112–114, 131, 134–135, 143
Fischer, Karel Jan (Karel) (skoonpa van skryfster) 1, 29, 126
Fischer, Karel Jan (Karel) (seun van Willem en Maria Adriana) 1–3, 13, 41–42, 44–45, 64, 74, 90, 97–99, 109, 112, 114, 129
Fischer, Karel Jan (Kareltjie) (seun van Harie en Hessie) 142
Fischer, Lettie 2
Fischer, Maria Adriana (Tant Miem) (née Smuts) 1–3, 13–15, 29, 39–40, 44–47, 78, 81, 83, 97, 143
Fischer, Miem *sien* Fischer, Maria Adriana
Fischer, Rachel (née Smuts) 7–8, 13, 15, 29, 39–40, 44–46, 50, 56, 63, 69, 71, 74, 78–79, 86, 96, 98–99, 105, 107, 109–114, 117, 122, 124, 130–131, 137–138, 143
Fischer, Racheltjie 46, 48, 50, 56, 87, 98–99, 105, 108–109, 113, 116
Fischer, vk. Willem F.J. 1–3, 7, 29, 35–36, 47, 63, 97, 117, 124–129, 132, 136, 139, 143
Fourie, Carel 138
Fourie, Nicolaas 15–16, 23
Fourie, Treina 15–16, 23
Frank, Henry 9
Frits (buurkind in kamp) 87

Geboortes 15, 18–19, 30, 33, 37, 72

Geloftedag *sien* Dingaansdag
Geluksplaats (plaas dist. Bethal) 2, 139
Generaal (skip) 84
Goewerneur (Natal) 75–76
Gouws, mev. 39
Grey, Hessie *sien* Fischer, Hessie (née Grey)
Grobler, kmdt. H. 4, 7
Grobler, Stef 80
Groenewald, Bernardus 67

Hanke, mev. 36
Hardy, dr. 58
Harris, mev. 28
Harrismith 94
Haverman, ene 15, 20
Hensoppers 9, 11–12, 17, 19, 21, 25, 28–29, 33, 38, 42, 59–60, 65, 69, 86, 107, 125. *Sien ook* Surrenders.
Hervormde Kerk (Standerton) 20–21
Hester (buurkind in kamp) 87
Hobhouse, mej. Emily 28
Hoëveld 1, 89, 124
Hofmeyr, ene 28
Holkransmoord (dist. Vryheid) 115–116
Holland 1, 85, 89, 97
Hollanders 1
Hospitale 18–20, 26–27, 29, 52–53, 56, 68, 76, 93
Hout 23–24, 27–28, 37, 45, 52–53, 61–62, 69–70, 74–76, 85, 87, 99, 121

Indië 78, 81, 96, 104, 110, 114
Inflammasie 55
Irene (Pretoria) 108
Isipingo 55, 62, 88

Jacobs (kamp) 87–89, 95–96, 98, 102, 105, 107, 114, 125–127, 131
Johannesburg 34, 87
Joubert, Frans 80
Jurriaanse, dr. Aart 118
Jurriaanse, Maggie *sien* Sluiter, Maggie

Kaapkolonie 17, 28
Kafferkamp 138
Kafferkommando 116–117, 122
Kaffers 8–10, 16, 19–21, 40–42, 44, 52, 55, 57, 61, 72, 93, 106, 110, 115–117, 121–122
Kafferspruit 11
Kamp 2 (Merebank) 69, 85
Kampdagboek *sien* Dagboek
Kampkommandant *sien* Bloomfield (Standerton) & Bousfield (Merebank)
Kanonne 11–12, 25, 40, 94, 96, 120
Karbolsuur 50, 53
Kersfees 68
Kitchener, genl. lord H.H. 43, 52, 66, 86
Kleihonde 110
Kleinhans, A. 11–12

Kleinhans, Abraham 12
Kleinhans, mev. B. 94–95
Klerekommissie 99, 103–104, 114, 131
Klerksdorp 73
Kleurlinge 4
Klipbank (plaas dist. Ermelo) 1
Klipfontein (plaas) 4
Klipstapel (dist. Ermelo) 96
Kolonie-Afrikaners 17
Konsentrasiekampe *sien* Balmoral, Jacobs, Merebank, Standerton & Umbilo
Koors 26, 46, 48, 53, 56, 90
Kos 14, 16, 24, 31, 34, 36–37, 42, 54, 66, 70–72, 74–75, 107, 124, 127, 137
Kroningsplegtigheid 127
Kroonstad 107
Kruger, pres. S.J.P. (Paul) 53, 121
Krugerdag 53
Krugersdorp 44, 46, 64, 66–67, 72–73, 80, 131
Krugerspost (plaas dist. Lydenburg) 1
Krygsgevangenes 8, 19, 49, 67, 78, 109, 113, 120, 122–123, 134, 140–141

Ladysmith (Natal) 42, 65, 72, 126
Landsverraaiers *sien* Verraaiers
Le Roux, Daniel 11, 86

Le Roux, Jan Hendrik 11, 86
Le Roux, mev. Jan Hendrik 11–13, 86
Le Roux, mej. M. 7, 15, 17–20, 26, 30
Liebenberg, ds. 66
Lombaard, Miemie (née Piek) 50, 56, 65, 71
Lombaard, dogtertjie van Miemie 56, 71
Lombard, Daantjie 74
Londen 52
Louw, familie 30
Louw, mev. 30
Louw, Johannes 127–129
Lotz, mev. 15
Lötz, mev. 25
Lugten, mnr. 52
Luise 32, 90
Luther, ene 68–69
Luther, Martin 68
Lydenburg 1

Maagpoeier 26, 57–58, 86
Mackkalm, mnr. 102
Malan, ds. D.J. 107
Mapog 2
Mapoggers 1
Mara (kleihond) 110
Marthinus-Wesselstroom (Wakkerstroom) 11–12, 58
Masels 41, 44–46
Mauritius 104
Merebank 43, 79, 86, 88–89, 92, 102, 115, 136–137
Meyer, Jan 84

Milner, sir (later lord) Alfred 42
Mooirivier (Natal) 42
Mooirivier (Potchefstroom) 80
Moot 88

Natal 26–27, 38, 40, 75, 89
Natal Mercury 89, 91–92, 100
Natallers 17
National Scouts 41, 116
Naudé, mev. 30
Naudé, Jan 126
Nero 57
Newcastle (Natal) 40
Nooitgedacht (plaas dist. Bethal) 1
Nooitgedacht (slag naby Ermelo) 77–78
Nuwejaar 70–71

Onverwacht (dist. Ermelo) 78
Oosthuisen, mev. 31
Opnames 14, 24, 35, 59, 64, 130–131
Oranje-Vrystaat 3, 14, 25–26, 28, 37, 43, 47, 57, 66, 80, 101, 110, 113, 124
O'Reilly, dr. 58
O.R.G. Fountain 41
O.v.N. 46
Owens, eerw. 117

Pampoentjies (siekte) 132, 135

Passe *sien* Permitte
Perdekommissie 35
Permitte (passe) 22 (illustrasie), 23, 37, 82–83 (illustrasies), 113–114, 129, 133, 136
Piek, mev. 52–53, 55, 67, 74
Piek, Andries 50
Piek, Miemie *sien* Lombaard, Miemie (née Piek)
Pienaar, ds. 126
Pietermaritzburg 1, 107
Piet Retief (Oos-Transvaal) 4
Platrand (Standerton) 96, 138
Potchefstroom 80
Potgieter, mev. (née Britz) 46
Potgieter, vk. 116
Pretoria 44, 100–101, 112
Proklamasies 35, 127

Rantsoene 16, 24, 31, 42, 54, 66, 70, 74–75, 127, 136
Rantsoenkaart 133
Retief, Piet 117
Robertson (Kaapkolonie) 17, 26
Robertson, A. (pa) 9
Robertson, A. (seun) 9, 12
Rolfontein 9
Rooihond (skarlakenkoors) 42
Rothman, Stoffel 116
Roux, C. 26
Rustenburg 89

Scheepers, Fanie 67
Scheepers, Grieta 114
Scheepers, Stefanus 78
Scheepers, Steven 60
Schoeman, Martha *sien* Smuts, Martha (née Schoeman)
Schoon, ds. H.F. 126
Schutte, mev. 29
Sekoekoeniland 19
Siekte 15, 17, 25, 27, 29–30, 36, 39, 42, 44–51, 53, 56–57, 60, 66, 72, 90, 113
Skarlakenkoors (rooihond) 42
Skool 1, 89–90, 98–99, 115, 132
Sluiter, Anna 127, 131
Sluiter, Henriette 50, 113
Sluiter, Herman 60, 79, 84, 118, 122
Sluiter, Jettie 49, 60, 81, 84–85, 96–97, 109, 118, 125, 131, 134, 136
Sluiter, Johanna 45, 60, 67, 73, 79, 89, 97, 105, 111, 127, 131
Sluiter, Maggie (later Jurriaanse) 118, 124–125, 134
Sluiter, Willem 124
Sluiter, Willie 134
Smith, ene 34
Smuts, Adriaan (pa van skryfster) 1–2, 4, 49–50
Smuts, Adriaan (swaer van skryfster) 29, 81, 88, 143
Smuts, Adriaan (broerskind van skryfster) 81
Smuts, Alie 68, 113
Smuts, Anna (Annie) (née Cloete) 18, 45, 53, 57, 67–68, 73, 86–88, 95, 102, 107, 124, 143
Smuts, Cato 29, 86, 88, 95, 98, 124, 143
Smuts, Dorothea *sien* Uys, Dorothea (née Smuts)
Smuts, Frederik 143
Smuts, Gideon 30, 136, 143
Smuts, Hilletje *sien* Bührmann, Hilletje (née Smuts)
Smuts, Johan 7, 136
Smuts, Johanna (née Bührmann) 47, 59–60, 63, 114, 121–122, 129, 136, 143
Smuts, Lucie 18, 44–47, 56–58, 60–61, 64, 87–88, 90, 95, 98–99, 105, 107–108, 112, 127, 133
Smuts, Martha (née Schoeman) 136, 143
Smuts, Miemie (née Uys) 143
Smuts, Rachel *sien* Fischer, Rachel (née Smuts)
Smuts, Ragie 50
Smuts, Sara (née De Wit) 143
Smuts, genl. Tobias 4, 47, 63, 76, 125, 135, 143
Smuts, Willem 68, 112–113, 143
Snoeks, ene 8

Snyman, Kassie 106
South Coast Junction 137
Spies, mnr. Hans 115
Spitskop (naby Ermelo) 76
Standerton 13, 20–21, 24, 27, 30, 36–37, 42, 45, 52, 61, 65, 96, 104, 122, 124, 126–130, 136, 138
Standertonse kamp 14–44, 46, 52, 61, 74, 78–79, 121, 138
Steenkamp, mev. Hendrik 10
Steenkamp, Henriette 46
Steenkamp, Jan 84
Steenkamp, Johanna 46
Steenkamp, Johanna *sien* Bührmann, Johanna (née Steenkamp)
Steenkamp, mev. Lettie 66, 81, 136
Steenkamp, Maatjie 46
Steenkamp, Willem 84
Steenkamp, Willie 80, 125
Steenkool 23–24, 27, 37
Sterftes in kampe 26–27, 29, 31, 39, 42, 45, 47, 49, 52–53, 55–56, 60, 63, 65, 68, 71, 73–74, 78, 90–91, 98, 119, 123, 133–134
Steyn, pres. M.T. 100, 107, 121
Stoop, mev. 33
Suid-Afrikaanse Vrouefederasie (SAVF) 2
Surrenders 34, 75–77, 86, 103, 106, 119, 124. *Sien ook* Hensoppers.

Swarts, mev. 61
Swaziland 1–2
Swazi's 1, 51

Tagus (skip) 81, 83
Terblanche, ene 13
Theunissen, ds. 24, 27, 38
Transvaal 3, 14, 43, 57, 59, 66, 80, 101, 110, 120, 127, 138, 142
Treintrokke 38–41, 45, 73, 80–81, 84–85, 130
Tuckerseiland *sien* Tukkerseiland
Tukkerseiland (só gespel in dagboek) 85

Ultimatum 3
Umbilo 109, 112–113, 118, 122–123, 133
Uys, Dorothea (Dorie) (née Smuts) 65, 104, 143
Uys, Koos 110, 118
Uys, Miemie *sien* Smuts, Miemie (née Uys)
Uys, Piet 65–66, 73, 104, 113, 126, 143

Vaalbank (plaas dist. Wakkerstroom) 11
Vaalrivier 1, 10, 23
Vaalrivierdrif 10
Van Belkum, ds. Jac. 69, 72, 78, 102, 107, 109–110
Van der Merwe, mev. 41
Van der Merwe, Annie 107
Van der Merwe, Stoffel 106

Van der Walt, mev. 110
Van Rensburg, J. 46
Van Rensburg, Tina 106
Van Rooy, familie 134–135
Van Schalkwyk, mev. 66
Van Schalkwyk, Daniel 67
Verpleegsters 93–95
Verraaiers 38, 41–42, 46, 57, 64, 84, 123
Verwoesting
   Plase 7–10, 13, 28, 68, 85–86, 142
   Diere 4, 7–9, 13–14
Victoria, koningin 62
Vierkleur 33, 71, 120
Visser, mev. Rachel 104, 132
Vitrioel 66, 79, 86
Volksrust 38, 47, 60, 77, 80, 84, 114, 135–136
Voortrekkers 117
Vrede 110, 114, 116, 119–123, 127
Vrede (Vrystaat) 37
Vredesamesprekings 100–101, 107, 112
Vrouefederasie *sien* Suid-Afrikaanse Vrouefederasie
Vryheid (ZAR) 115–116, 135
Vrystaat *sien* Oranje-Vrystaat

Wakkerstroom 11. *Sien ook* Marthinus-Wesselstroom
Waschbank-stasie 41
Wasserfall, Sara 26
Waterpokkies 44
Waterval (dist. Standerton) 30, 32
Welgevonden (plaas) 5
Wesselsnek 41
Wilden, mev. Chris (Crisje) 63, 71–72, 111–112
Willemse, familie 89
Witbank (dist. Ermelo) 116
Witdoeke 41
Witseerkeel 66
Witwatersrand 52

Zwarts, mev. 72